Irena Macri

DAS

Paleo

KOCHBUCH

über 110 Rezepte
für Power und Gesundheit

Inhalt

Einführung

Paleo-Basics

Kücheninventar

Rezepte

Willkommen

Danke, dass Sie mein Kochbuch gekauft haben. Es scheint, als hätten Sie und ich einige Gemeinsamkeiten: die Liebe für gutes Essen, die Sorge um unser Wohlbefinden, Spaß am Kochen und auch sonst. Selbst wenn vielleicht nicht alles davon hundertprozentig auf Sie zutrifft, könnten wir wohl Freunde sein. Daher möchte ich mich Ihnen etwas näher vorstellen und erzählen, wie dieses Buch zustande kam.

Mein Weg

Alles begann im Mai 2012. Damals kündigte ich meine Festanstellung, um vollends meiner Leidenschaft – treffender wäre wohl »Besessenheit« – für das Kochen und all dem zu frönen, was mich zu einem unverbesserlichen Foodie macht. Klar gibt es Millionen Menschen, die diese Passion mit mir teilen – man denke nur an den Erfolg der vielen Fernseh-Kochshows; und doch ist meine Leidenschaft ganz besonders ausgeprägt. Seit ich in der Küche meiner Groß-mutter erstmals den Kochlöffel schwang, empfinde ich einen unstillbaren Drang, mit Zutaten zu spielen, sie zu verrühren und zu quirlen, zu formen, zu brutzeln, zu arrangieren … Für mich ist die Küche seit Langem ein Spielplatz, auf dem ich ohne feste Regeln wild drauflos experimentieren darf. Ich würde gern jedem quasi durch meine Brille zeigen, wie Kochen geht, und vermitteln, dass man beim Anblick einer Trüffel oder eines schönen Stücks vom Weiderind sehr wohl in Verzückung geraten kann. Genauso finde ich es völlig normal, mitten in der Nacht aufzuwachen und ein Rezept aufzuschreiben, von dem ich gerade ge-träumt habe und das mir ganz einfach brillant scheint.

Nach und nach entwickelte sich diese Besessenheit zu einer Art Lebenstraum. Wie ich ihn jedoch umsetzen sollte, war mir lange Zeit nicht klar. Ich erwog, eine Kochschule zu besuchen, meine eigene Weinbar, ein Café oder einen Catering-Service ins Leben zu rufen, und spielte sogar mit dem Gedanken, an Kochshows teilzunehmen. Aber keine dieser Ideen sprach meinen Kopf und mein Herz wirklich an. Denn ich gehöre wohl zu den Menschen, die den Augenblick leben und frei ihren eigenen Regeln folgen wollen. Die Idee, mich festzulegen ohne die Option, jederzeit wieder einen anderen Weg einschlagen zu können, behagte mir nicht.

Dann entdeckte ich Paleo (mehr zu dieser Ernährungs- und Lebensweise erfahren Sie ab Seite 15), und plötzlich passte für mich alles zusammen. Ich hatte eine Möglichkeit gefunden, um meine Kochleidenschaft mit meinen Fähigkeiten und meinem Digital-Media-Hintergrund auf einen Nenner zu bringen und damit etwas ganz Eigenes zu kreieren: Meine Website EatDrinkPaleo.com.au war geboren.

Paleo entsprach mir auf Anhieb auf der ganzen Linie. Während ich mehr und mehr in diese Lebensweise hineinfand, fühlte ich mich immer besser. Ich probierte eine Menge großartiger neuer Zubereitungen und mir bis dahin unbekannter Zutaten aus. Gleichzeitig vermisste ich jedoch wirklich reizvolle Paleo-freundliche Rezepte. Im Grunde war dies die perfekte Ausgangslage: eine Gelegenheit, meiner Experimentierfreude und meinem Können in der Küche freien Lauf zu lassen, dabei zu lernen und in der Folge anderen zu zeigen, wie sie durch unverfälschtes, leckeres Essen zu mehr Wohlbefinden gelangen können. Außerdem lag mir daran, das Image der Paleo-Ernährung aufzupolieren, die von vielen als etwas langweilig, wenig alltagstauglich, einengend und allzu fleischlastig empfunden wird. Dabei hatte ich doch selbst erfahren, dass sie ganz anders sein kann und dass sie sich mit meinem Ansatz – flexibel und individuell – leicht in den persönlichen Alltag integrieren lässt.

Rund neun Monate verwandte ich darauf, für meine Website Paleo-inspirierte Rezepte zu entwickeln, zu testen und die Ergebnisse zu fotografieren, Anhänger zu mobilisieren, mich selbst weiterzubilden und für eine gute Ernährung sowie gesündere Lebensgewohnheiten die Werbetrommel zu rühren. Meine Gefolgschaft wuchs schnell. Wenn man Feedback von »realen« Menschen bekommt, die berichten, dass sie dank meiner Rezepte ein super Familienessen auf die Beine gestellt haben oder dass sie meine Website dazu inspiriert hat, selbst neue Wege zu gehen, weiß man, dass man auf dem richtigen Weg ist. Ich hatte einen Nerv getroffen.

Die Veröffentlichung eines Kochbuchs war die natürliche Konsequenz daraus. Ich hatte so viele fantastische Rezepte im Kopf, und ich wollte wirklich etwas herausbringen, das sich von dem bestehenden Angebot unterschied. Es sollte ein Kochbuch werden, das meine 80:20-Philosophie widerspiegelt, das naturbelassene Lebensmittel in den Fokus rückt und zu Spaß am Kochen einlädt.

Meine 80:20-Philosophie –

eine Einladung zu mehr Spaß am Kochen!

Dieses Kochbuch ist mir eine echte Herzensangelegenheit. Es entstand in einer sehr kleinen Küche unter Verwendung der üblichen Gerätschaften und mit vielen ganz gewöhnlichen Zutaten (und die paar spezielleren bekommen Sie sicher im Bioladen oder Reformhaus). Daher können die Rezepte eigentlich von jedem mühelos nachgekocht werden. Eine Besonderheit dieses Buches ist, dass es zunächst selbst verlegt und nur durch viele Freunde wie auch Fremde ermöglicht wurde, die an meinen verrückten Traum glaubten und mir die wundervolle Gelegenheit gaben, ihn letztlich nun auch mit Ihnen zu teilen.

IRENA XO

Über dieses Buch

♥ Es richtet sich an alle – ob Paleo-Anhänger oder nicht, Gelegenheits-köchinnen, ambitionierte Küchenkünstler, Mütter, Väter, Singles überall auf der Welt. Mein Ziel sind abwechslungsreiche Rezepte, die jeder und jede meistern kann. Nur ganz selten ist etwas mehr Geschick oder Können gefordert.

♥ Alle vorgestellten Rezepte sind getreide- und glutenfrei. Auch Hülsen-früchte, Industriezucker, synthetische oder chemische Zutaten kommen in ihnen nicht vor.

♥ Einige meiner Rezepte verwenden gesunde Milchprodukte mit natür-lichem vollem Fettgehalt sowie natürliche Süßungsmittel; manche sind auch kleine »Sünden« für besondere Gelegenheiten, und einige wenige enthalten Alkohol – ja, ich genieße ihn in Maßen und in guter Gesell-schaft!

♥ Dieses Kochbuch soll eine Inspirationsquelle für Sie sein. Probieren Sie Zutaten aus, mit denen Sie bisher nie gekocht haben, und spielen Sie ruhig mit meinen Rezeptideen, indem Sie sie an Ihre persönlichen Vorlieben anpassen.

♥ Wer meine Website EatDrinkPaleo.com.au kennt und öfter besucht, wird in diesem Buch eine kleine Zahl »alter Bekannter« wiedertreffen. Denn die beliebtesten Rezepte meiner Website durften hier natürlich nicht fehlen.

Über mich

❤ Ich wurde in der Ukraine in einer Kleinstadt nahe den Karpaten geboren und kam im Alter von sechzehn Jahren nach Australien.

❤ Schon als Kind hatte ich ungewöhnliche Geschmacksvorlieben: Ich war versessen auf Salo (russischer gepökelter Rückenspeck), Hering, Oliven, Salami und Leberpastete, und ich aß sogar rohes Fleisch.

❤ Heute ist Sydney mein Zuhause. Aber ich bin auch eine Nomadin. So zieht es mich in die Toskana wegen ihrer Küche, nach Tonsai in Thailand, wenn mir nach Abenteuer zumute ist, oder nach Tokyo, wo alles etwas anders und absolut verrückt ist.

❤ In meiner Ernährung folge ich zu 80 Prozent den Paleo-Prinzipien, die übrigen 20 Prozent geben mir Raum, ab und zu auch Butter, Käse, Reis, Quinoa, frischen Mais, Bier, Klößchen oder Eiscreme zu verwenden.

❤ Kochen habe ich zuhause in meiner Familie, durch meine Reisen und durch TV-Kochshows gelernt. Ich besitze viele Kochbücher und -zeitschriften, halte mich aber kaum an Rezepte.

❤ Zu meinen Küchengurus gehören Jamie Oliver, Maggie Beer, Lotta Lundgren, Nigela Lawson, Heston Blumenthal und – überaus inspirierend – meine verstorbene Großmutter.

❤ Meine Lieblingszutaten sind Butter, Knoblauch, Zitrone, Olivenöl, Chili-schoten, Avocado, Süßkartoffeln, Brokkoli, Gewürzgurken, Weiderind, Beeren, Kokoscreme (fertig aus der Dose oder die dicke, cremige Schicht, die sich auf Kokosmilch absetzt) und alles mit Trüffeln.

TEA TIME

SANDKUCHEN

Zu Ihrer Orientierung

Anhand der nachfolgenden Symbole können Sie die Rezepte in diesem Buch auf einen Blick nach Ihren Bedürfnissen auswählen.

 Enthält Ei

 Enthält Nachtschattengewächse

 Enthält Milchprodukte

 Enthält natürliche Süßungsmittel

 Enthält Nüsse/Samen/Kerne

 Enthält Fisch/Meeresfrüchte

 Kohlenhydrat-Alarm!

 Braucht weniger als 30 Minuten

 Braucht weniger als 1 Stunde

 Ideal für Gäste

Die Rezepte sind in die folgenden Kapitel gegliedert:

GUTEN MORGEN!
Köstliche und sättigende Frühstücksideen für einen kraftvollen Start in den Tag

AUS DEM GARTEN
Salate, Suppen und Beilagen, zubereitet mit Gemüse, Pilzen, Nüssen, Samen und Früchten

FLEISCH
Rezepte mit Fleisch und Geflügel unterschiedlicher Art als Hauptzutat

FISCH KONSORTEN
Fisch, Garnelen, Austern und noch viel mehr

SÜSSE SÜNDEN
Desserts und andere Leckereien für Wochenende, besondere Anlässe und Gäste

RATZFATZ
Snacks und kleine Zubereitungen für Partys sowie Ideen für die Lunchbox

SELBST GEMACHT
Saucen, Würzpasten, Dips, Brühe, Joghurt und mehr – alles selbst gemacht

HOCH DIE TASSEN!
Originalrezepte und Paleo-Versionen von berühmten Cocktails, klassischen Getränken und Smoothies

Paleo-Background

ROBB WOLF Von ihm habe ich ganz viel über Paleo gelernt. Früher in der Biochemie als Forscher tätig, verfasste er das von der *New York Times* hochgelobte Buch *The Paleo Solution. The Original Human Diet*, das mich überhaupt erst auf Paleo brachte. Regelmäßig höre ich mir seinen wöchentlichen Podcast an, und auf der Suche nach Informationen über Ernährung und Fitness rufe ich oft seine Website, robbwolf.com auf. Ich mag seine kluge und zugleich humorvolle Art.

MARK SISSON Bekannt ist der US-amerikanische Fitness-Autor und -Blogger (quasi der George Clooney der Paleo-Welt) für sein Buch *The Primal Blueprint (Gesundheitsgeheimnisse aus der Steinzeit. Das revolutionäre Primal Health-Konzept)* wie auch für seine äußerst informative Website marksdailyapple.com.

CHRIS KRESSER Wer sich für wissenschaftliche Hintergründe in Sachen Paleo und Ernährung generell interessiert, sollte Chris Kressers Website, chriskresser.com, aufsuchen. Seine umfassenden Beiträge verbinden viel Fachwissen mit einer gesunden Portion Skepsis.

Astrophysiker und Software-Unternehmer **PAUL JAMINET, PH. D.**, und seine Frau **SHOU-CHING SHIH JAMINET, PH. D.**, eine Molekularbiologin und Krebsforscherin, sind die klugen Köpfe hinter dem Buch und der Website perfecthealthdiet.com. Ich schätze die Informationen, die sie liefern, und finde es natürlich toll, dass sie weißen Reis und Milchprodukte gutheißen.

CLAIRE YATES praktiziert in Australien als Ernährungsmedizinerin und befasst sich auf ihrem Blog *Indi Nature* unter anderem mit den Ursachen gestörter Verdauung und der emotionalen Steuerung des Essverhaltens. Sie ist Mitglied von Primal Docs, einem weltweiten Netzwerk von Ärzten und heilkundlich Tätigen, die Gesundheitswissen im Spiegel der Evolutionsgeschichte sehen. Ich durfte mit Claire an dem Gesundheitsprogramm Rejuvenate arbeiten, aus dem dann unsere gemeinsame Website rejuvenatedforlife.com hervorging.

DIANE SANFILIPPO Die Gründerin des Podcasts Balanced Bites und Autorin von Practical Paleo *(Das große Buch der Paläo-Ernährung)* ist eine weitere Koryphäe der Paleo-Welt. Sie besitzt Witz und Klasse und dazu umfassende Kenntnisse über Paleo-Ernährung, Blutzuckerregulation, Nahrungsmittelallergien und -unverträglichkeiten sowie eine gesunde Verdauung.

SALLY FALLON ist Mitbegründerin der Weston A. Price Foundation und Autorin von *Nourishing Traditions*, einem Buch, das alle Foodies und Köche lesen sollten.

Paleo Basics

Dieses Kochbuch beantwortet nicht sämtliche Fragen zur Paleo-Ernährung. Das können andere Bücher und Informationsquellen von erfahrenen Evolutionsbiologen, Biochemikern, Ernährungswissenschaftlern und Ärzten viel besser. Absolute Neueinsteiger finden aber im Folgenden die wichtigsten Grundlagen dieser Ernährungweise.

Paleo-Grundideen

♥ In ihrer Grundidee beruft sich die Paleo-Lehre auf die Ernährungs- und Lebensweise unserer altsteinzeitlichen Vorfahren. Dabei müssen wir keineswegs wieder zu Jägern und Sammlern mutieren. Wir sollten uns nur unser genetisches Erbe sowie die aktuellen wissenschaftlichen Erkenntnisse darüber vor Augen halten, wie Essen und Lebensführung Körper und Seele beeinflussen.

♥ Der Paleo-Speiseplan stützt sich auf vollwertige, nicht industriell verarbeitete Zutaten mit hoher Energiedichte, viel Eiweiß und gesunde Fette. Gemieden werden entzündungsfördernde, nährstoffarme Lebensmittel wie Getreide, raffinierter Zucker und ungesunde stark verarbeitete Pflanzenöle. Zur Paleo-Lebensweise zählen auch Stressmanagement, Verbesserung der Schlafqualität und regelmäßige Bewegung an der frischen Luft.

♥ Wer den Paleo-Prinzipien folgt, kann auf körperlicher wie auch seelischer Ebene Veränderungen unterschiedlicher Art erfahren. Berichtet wird unter anderem von verbesserter Stoffwechsel- und Verdauungsaktivität, gesteigerter Energie, nachhaltigem Gewichtsverlust, besserem Schlaf, geistiger Klarheit, reiner Haut, mehr Vitalität und einem allgemein positiven Grundgefühl.

♥ Es gibt nicht eine Paleo-Ernährung für alle. Paleo gibt vielmehr eine Art Grundrahmen vor, den Sie entsprechend Ihren persönlichen Bedürfnissen und Vorstellungen, Ihrer körperlichen Konstitution, etwaigen Unverträglichkeiten, Ihrer Lebensweise und Ihrem Budget ausgestalten. Ziel ist es, Körper und Geist optimal zu unterstützen, was natürlich über das Essen allein hinausgeht.

Das geht

Die folgenden Nahrungsmittel tragen gewissermaßen das Paleo-Gütesiegel. Dennoch sollten sie je nach gesundheitlicher Verfassung, Lebensweise und persönlichen Zielen teils nur in Maßen gegessen werden. Wer seinen Stoffwechsel anregen und abnehmen möchte oder wer von Insulin-resistenz oder Erkrankungen des Autoimmunsystems betroffen ist, sollte den Verzehr von Ge-müse und Mehl mit hohem Kohlenhydratanteil sowie von stark zuckerhaltigen Früchten auf ein Minimum beschränken. Für manche Menschen sind Eier, Milchprodukte oder Nachtschatten-gewächse tabu (Letztere, weil sie im Verdacht stehen, entzündliche Prozesse auszulösen), andere können diese Lebensmittel beliebig zu sich nehmen. Konsultieren Sie wenn nötig dazu Ihren Arzt oder eine qualifizierte Ernährungsberaterin.

FLEISCH, FISCH, MEERESFRÜCHTE, EIER

Rind, Kalb, Schwein, Lamm, Wild, Bison, Büffel, Ziege, Schaf, Kaninchen, Huhn, Ente, Wachtel, Fasan, Taube, Gans, Truthahn, Strauß; auch Innereien wie Leber, Niere und Herz; Hühner- und Wachteleier.
Die meisten Fische, insbesondere ölreiche Arten; ebenso Garnelen, Austern, Venus- und Mies-muscheln, Schnecken, Hummer und Krebse.

♥ *Essen Sie Fleisch und Butter von Tieren aus Weidehaltung, Geflügel sowie Eier aus Freilandhaltung. Diese Lebensmittel sind nahrhafter, hochwertiger und nebenbei besser für unseren Planeten und die Tiere.*

♥ *Fleisch von Tieren aus Bio- oder Weidehaltung ist zunehmend auch in Supermärkten zu bekommen, andernfalls erkundigen Sie sich in Bioläden, bei einem entsprechenden Bauernhof in Ihrer Umgebung oder beziehen Sie es über das Internet.*

♥ *Wenn Sie Würste kaufen, vergewissern Sie sich, dass diese glutenfrei sind und möglichst wenige Zusatzstoffe und Konservierungsmittel enthalten.*

♥ *Beim Kauf von Fisch und Meeresfrüchten geben Sie Erzeugnissen den Vorzug, die mit den Prinzipien der Nachhaltigkeit vereinbar sind. Ölreiche Fische wie Sardinen, Lachs und Forelle enthalten reichlich Omega-3-Fettsäuren und Calcium, Meeresfrüchte zeichnen sich durch einen hohen Gehalt an Mineralstoffen aus.*

FLEISCHERZEUGNISSE (WURST, SCHINKEN USW.)

Ich liebe Salami, Schinken, Speck (Bacon), Chorizo und dergleichen. Zwar lehnen manche Paleo-Puristen gepökeltes Fleisch ab, doch wird man keinen größeren Schaden davontragen, wenn die Produkte natürlich erzeugt und grundsätzlich von guter Qualität sind und wenn man sie in Maßen genießt. Natürlich sind sie salzhaltig, aber unser Körper braucht auch etwas Salz. Auch enthalten sie möglicherweise Nitrat oder Nitrit, doch das gilt genauso für viele andere

Lebensmittel. Wissenschaftler wie Chris Kresser bestätigen, dass es keinen Grund gibt, Nitrat und Nitrit im Essen zu fürchten, insbesondere in den kleinen Mengen, die sich in gepökeltem Fleisch finden. Also her mit dem Bacon!

GEMÜSE

In der Paleo-Ernährung liefern Gemüse und Früchte den Löwenanteil der Kohlenhydrate. Wie viel Sie von diesen benötigen, hängt von Ihrer Gesundheit und Lebensweise ab. Empfohlen wird eine tägliche Aufnahme von 100–150 g Kohlenhydrate, wenn das Körpergewicht gehalten werden soll, von 50–100 g für eine maßvolle Gewichtsreduktion und von weniger als 50 g für einen beschleunigten Fettabbau. Für sportlich Aktive kann eine höhere Zufuhr angezeigt sein, wenn sie nach dem Training ihre Glykogenspeicher wieder auffüllen müssen.

Niedriger Kohlenhydratgehalt (unter 10 g pro 100 g Gemüse)

Aubergine, Avocado, Bambussprossen, Blattkohl, Blattsenf (Brauner/Indischer Senf), Blumen-kohl, Bohnensprossen, Brokkoli, Brunnenkresse, Champignon, Daikonrettich, Endivie, Fenchel, Frühlingszwiebel, grüne Bohne, Grünkohl, Herbstrübe, Knoblauch, Kohl, Kohlrabi, Kopfsalat, Kürbis: Moschus-, Muskat- und Spaghettikürbis, Löwenzahn, Mangold, Meeresalge, Okra, Pak Choi, Paprikaschote, Radicchio, Radieschen, Rhabarber, Rosenkohl, Blätter und Stiele von Roter Bete sowie von Speiserüben, Rucola, Salatgurke, Schalotte, Schwarzkohl, Spargel, Spinat, Stauden-sellerie, Steckrübe, Tomate, Tomatillo (grüne Tomaten), Wirsing, Zucchini und -blüte, Zucker-schote (Kefe), Zwiebel.

Mittlerer Kohlenhydratgehalt (10–20 g pro 100 g Gemüse)

Artischocke, Butternut-Kürbis, Erbse, Karotte, Lauch, Lotuswurzel, Pastinake, Riesen-/Winter-kürbis, Rote Bete, Topinambur.

Hoher Kohlenhydratgehalt (über 20 g pro 100 g Gemüse)

Hokkaidokürbis, Kartoffel, Kochbanane, Maniok (Kassave), Süßkartoffel, Taro, Yamswurzel.

- ♥ *Natürlich gilt: Je frischer, desto besser! Aber auch tiefgekühltes Gemüse enthält noch viele Nährstoffe und bietet, wenn gute Frischware schwer zu bekommen ist, eine angemessene Alternative.*

- ♥ *Auf traditionelle Art fermentiertes Gemüse ist aufgrund der enthaltenen probiotischen Bakterien sehr gesund.*

- ♥ *Je nach Zubereitungsmethode und verwendeten Zutaten enthält auch sauer ein-gelegtes Gemüse noch viele seiner ursprünglichen Nährstoffe.*

- ♥ *Dosengemüse ist gewöhnlich vorgegart und folglich, bis es auf den Teller gelangt, ziemlich nährstoffarm.*

- ♥ *Insbesondere Kartoffeln sollten unbedingt geschält werden, da sich in ihrer Schale Antinährstoffe befinden.*

FRÜCHTE EINSCHLIESSLICH BEEREN

Niedriger Zuckergehalt (unter 7 g pro 100 g Frucht)

Avocado, Blau- oder Heidelbeere, Brombeere, Boysenbeere, Cranberry, Erdbeere, Grapefruit, grüne Mango, Himbeere, Limette, Maulbeere, Papaya, Rote Johannisbeere, Schwarze Johannisbeere, Stachelbeere, Sternfrucht (Karambole), Zitrone.

Mittlerer Zuckergehalt (7–15 g pro 100 g Frucht)

Apfel, Aprikose, Birne, Cantaloupe-Melone, frische Feige, Granatapfel, Guave, Honigmelone, Kaki, Kirsche, Kiwi, Mandarine, Orange, Passionsfrucht, Pfirsich, Pflaume, Tangerine.

Hoher Zuckergehalt (über 15 g pro 100 g Frucht)

Ananas, Banane, Kochbanane, Litschi, Mango, Nektarine, Traube, Wassermelone.

FETTE UND ÖLE

Die Paleo-Ernährung stützt sich auf gesättigte Fettsäuren und gesunde Öle pflanzlicher Herkunft und vermeidet stark raffinierte und bearbeitete Fette mit mehrfach ungesättigten Fettsäuren und ungünstigem Omega-6-Omega-3-Verhältnis, wie Raps-, Erdnuss- oder Sonnenblumenöl und auch Margarine. Die Versorgung des Organismus mit Fett sollte durch Fleisch, Fisch und Meeresfrüchte, Eier, Nüsse und Samen, Avocados sowie durch die bei der Zubereitung der Speisen verwendeten Fette und Öle erfolgen. Dabei sollte man wissen, welche Art von Fett oder Öl sich am besten für welche Art der Zubereitung eignet.

♥ *Fette mit mehrfach gesättigten Fettsäuren sind in der Regel hitzestabiler und oxidieren nicht so rasch wie solche mit einfach oder mehrfach ungesättigten Fettsäuren. Daher empfehlen sie sich am ehesten zum Braten und für andere Zubereitungen bei hoher Temperatur.*

♥ *Nuss- und Olivenöle sind empfindlicher. Man kann zwar mit ihnen kochen, doch besser verwendet man sie kalt, um die enthaltenen Antioxidantien, Vitamine und Aromastoffe möglichst zu schonen.*

♥ *Raffinierte Öle haben gewöhnlich einen höheren Rauchpunkt. Im Idealfall wurden sie mit einem mechanischen Verfahren hergestellt und nicht mit Hitze oder Chemikalien behandelt. Sie sind am besten für Zubereitungen bei hoher Temperatur, also etwa zum Frittieren, geeignet.*

OLIVENÖL

FÜR HEISSE ZUBEREITUNGEN	FÜR KALTE ZUBEREITUNGEN
Schweine- oder Entenschmalz, Rindertalg	Kaltgepresstes (natives) Olivenöl extra vergine
Ghee	Macadamiaöl
Macadamiaöl	Avocadoöl
Avocadoöl	Sesamöl
Kokosöl	Haselnussöl
Sesamöl	Mandel- oder Walnussöl
Olivenöl	Leinöl
Mandel- oder Walnussöl	Butter
Butter	Kaltgepresstes (natives) Kokosöl

Die Hitzestabilität nimmt innerhalb der Tabelle von oben nach unten ab.

NÜSSE UND SAMEN

Als Snack sind sie genauso beliebt wie als Kochzutat. Allerdings enthalten die meisten Nüsse und Samen neben reichlich gesunden Fetten, Vitaminen und Mineralstoffen auch entzündungsfördernde Omega-6-Fettsäuren sowie Antinährstoffe wie Phytinsäure, die die Aufnahme der Mineralstoffe durch den Organismus verhindert. Deshalb sollte man sich über die jeweils in Nüssen und Samen enthaltenen Nährstoffe schlau machen und sie in begrenzten Mengen konsumieren. Es empfiehlt sich, Nüsse und Samen 6–12 Stunden einzuweichen und anschließend an der Sonne, in einem Dörrapparat oder im Backofen zu trocknen, um so einen Großteil der Antinährstoffe zu eliminieren. Bei welchen Nüssen und Samen man aufgrund der enthaltenen Antinährstoffe und Fettsäuren Zurückhaltung üben sollte, ist nachfolgender Tabelle zu entnehmen.

BESTE WAHL	MASSVOLL GENIESSEN	SPARSAM DOSIEREN
Macadamianüsse	Mandeln	Kürbiskerne
Kokosnuss, getrocknet	Leinsamen	Walnüsse
Maronen (Marroni)	Pistazien	Pinienkerne
Haselnüsse	Cashewkerne	Sonnenblumenkerne
Leinsamen	Paranüsse	Sesamsamen
Chiasamen	Pekannüsse	

FLÜSSIGKEITEN

BESTE WAHL

Wasser

Mineralwasser

Kokosmilch und -creme

Kokoswasser

Mandeldrink (optimal ist frisch zubereitete Mandelmilch)

Kräutertee

Kefir (vergorenes Milchgetränk)

Kombucha (fermentierter Tee)

Knochenbrühe, Fleischbrühe, Gemüsebrühe

Gemüsesaft

MASSVOLL GENIESSEN

Schwarzer Kaffee, schwarzer Tee

Wein und Schaumwein mit geringem Restzuckergehalt, klare Schnäpse, die nicht aus Getreide destilliert sind, wie Wodka oder Tequila

Frisch gepresste Fruchtsäfte in geringen Mengen

MILCHPRODUKTE

Die Verwendung von Milchprodukten wird in Paleo-Kreisen hitzig debattiert. Dabei dominiert die Ansicht, dass Milchprodukte in Vollfettstufe, vor allem von Kühen aus Weidehaltung, viele lebenswichtige Nährstoffe und Fette liefern. Allerdings enthalten Milchprodukte auch Laktose und Milcheiweiß und fördern die Insulinausschüttung, was für Menschen mit Stoffwechsel- und Verdauungsstörungen Probleme nach sich zieht. Häufig liest man für Neueinsteiger die Empfehlung, 30 Tage komplett auf Milchprodukte zu verzichten. Danach soll man sie langsam wieder in den Speiseplan aufnehmen und dabei beobachten, ob alle oder einige von ihnen mehr oder weniger starke körperliche Reaktionen hervorrufen. Falls Sie sich ohne Milchprodukte besser fühlen, verzichten Sie am besten darauf.

Ich gehöre zur entspannteren Paleo-Fraktion und verarbeite sehr wohl ausgewählte Milchprodukte in meinen Gerichten. Normale Milch verwende ich nicht, aber Butter – das ist ja fast reines Fett – sowie hie und da etwas Vollfettjoghurt und gereiften Käse. Wie bei den meisten Lebensmitteln kommt es auch in diesem Fall auf die Qualität an: Am besten sind Milchprodukte auf Rohmilchbasis und in Vollfettstufe. Meine Schlüsselbegriffe beim Einkauf lauten: »biologisch erzeugt«, »keine Hormone und Antibiotika«, »Vollfettstufe«, »Weidehaltung«. Bei seelenlosem Industrie-Magerjoghurt, Plastikkäse und entrahmter Milch sage ich: »Nein danke!«

Die folgenden Milchprodukte verdienen aufgrund ihres Nährstoffprofils Aufnahme in das Paleo-Ernährungsprogramm:

Ghee	Gereifter Käse (Parmesan, Pecorino)
Butter	Ricotta
Kefir	Halloumi, insbesondere von Ziegen- oder Schafmilch
Joghurt, Vollfettstufe und ungesüßt	Feta, insbesondere von Ziegen- oder Schafmilch
Rahm (Sahne), Vollfett	
Ziegen- und Schafkäse, -milch und -joghurt	

WÜRZZUTATEN

Folgende frische oder getrocknete Kräuter und Gewürze kommen bei mir oft zum Einsatz: Zitronengras, Kaffirlimettenblätter, Knoblauch, Ingwer, Galgant, Kurkuma (Gelbwurz), Lavendel, frische Vanilleschote, Meerrettich. Zum Salzen nehme ich gutes Meersalz (manchmal auch Sel Gris). Ich lasse die Finger von fertigen Gewürz- und Kräutermischungen, die Zusatzstoffe enthalten. Lieber mische ich sie selbst.

Die folgenden, ganz normalen Würzzutaten kommen auch in meinen Paleo-Rezepten zum Einsatz: Sardellen und Sardellenpaste, Kapern, sonnengetrocknete Tomaten, Essiggurken, Oliven, Tahin, Kokosmilch, Kokoscreme, Kokosöl, Fischsauce, Chilisauce, Coconut Aminos (ähnlich wie süße Sojasauce), die meisten Essige außer Malzessig, Verjus, Senf, Trüffel, Trüffelöl, getrocknete Wildpilze, Tomatenmark, Rohkakao, Kakaopulver und Carob-Pulver, Apfelmus. Beim Kauf fertiger Pestos und Saucen ist mir wichtig, dass sie weitgehend aus natürlichen Zutaten bestehen. Von allem, was Soja-, Raps- oder andere Pflanzenöle sowie Zuckerzusätze enthält, lasse ich die Finger. Ab und zu, jedoch nicht sehr oft, verwende ich Tamari, eine weizen- und glutenfreie, natürlich gebraute Sojasauce.

SÜSSUNGSMITTEL

Gelegentlich greife ich zu folgenden natürlichen Süßungsmitteln: Naturhonig, Ahornsirup (Grad B), Melasse, dunkle Schokolade, Kokosblütensirup/-nektar, Kokosblütenzucker, grünes Steviapulver, Apfelmus, Datteln, Backpflaumen, getrocknete Aprikosen und Feigen, Palmzucker, frische Fruchtsäfte, Rohzucker (brauner Zucker).

BEIM BACKEN

Als Alternative zum üblichen Weizenmehl können folgende Mehle und gemahlenen Erzeugnisse verwendet werden: Tapiokastärke, Kastanienmehl, Kokosmehl, Kochbananenmehl, gemahlene Mandeln und Mandelmehl, gemahlene Haselnüsse, gemahlene Macadamianüsse oder Macadamiamehl, Kartoffelstärke, glutenfreies Backpulver, Natron, Gemüsepulver, getrocknete Kokosraspel. Weitere geeignete Backzutaten sind frische Süßkartoffeln, Kürbis, Karotten, Bananen, Avocados und andere Früchte, Eier und Kokoscreme.

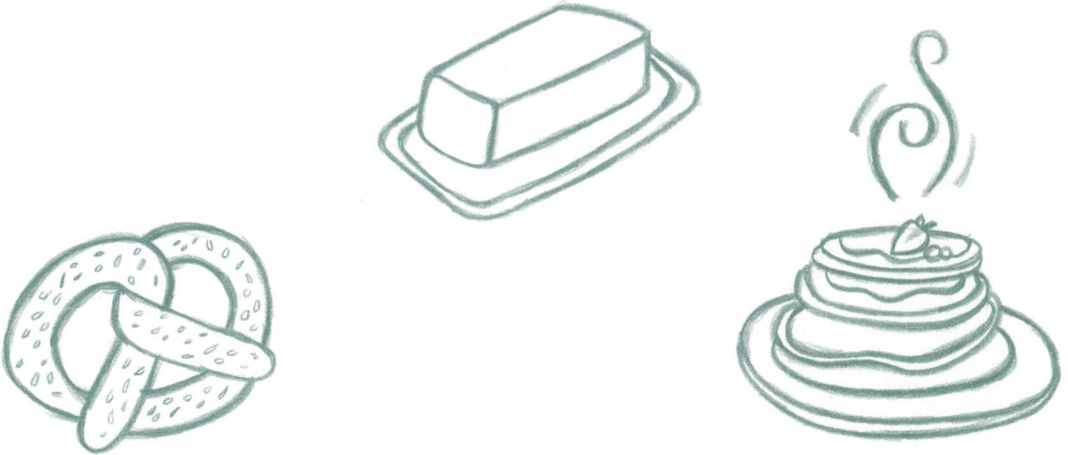

Das geht nicht

Sie werden sich von einigen Lebensmitteln verabschieden müssen, die bisher vielleicht stets ganz oben auf Ihrem Einkaufszettel standen. Die gute Nachricht: Auch ohne Brot, Pasta und getrocknete Hülsenfrüchte müssen Sie nicht darben! Und Sie werden überrascht sein, welche Vielfalt an Speisen auch ohne die folgenden Zutaten möglich ist.

GETREIDE, REIS, HÜLSENFRÜCHTE

Im Gegensatz zur landläufigen Überzeugung des gesundheitlichen Werts von Getreide und insbesondere Vollkorn schließt die strenge Paleo-Lehre Getreide und auch Reis komplett aus. Getrocknete Hülsenfrüchte werden ebenfalls gemieden, da sie ähnliche negative Eigenschaften aufweisen, wie nachfolgend dargelegt.

- ♥ *Viele Getreide enthalten Gluten, einen Eiweißkomplex, der Darmentzündungen hervorrufen und die Auskleidung des Darms schädigen kann, wodurch die Aufnahme der Nährstoffe beeinträchtigt wird. Darüber hinaus wurde Gluten mit Magen-Darm-Beschwerden, Hautproblemen, Autoimmunerkrankungen und seelischen Befindlichkeitsstörungen in Verbindung gebracht.*

- ♥ *Getreide und Hülsenfrüchte liefern reichlich Kohlenhydrate. Die Paleo-Lehre hat grundsätzlich nichts gegen Kohlenhydrate einzuwenden, empfiehlt jedoch – unserer modernen Lebensweise entsprechend – nur eine niedrige bis mäßige Zufuhr davon. Übersteigt die Kohlenhydrataufnahme den tatsächlichen Bedarf des Organismus, kann dies die Entstehung von Insulinresistenz, Übergewicht, Diabetes Typ 2 und einigen Krebsarten fördern.*

- ♥ *Kohlenhydrate enthalten zudem Antinährstoffe (natürliche oder synthetische Substanzen, die die Verwertung von Nährstoffen einschränken), etwa Phytinsäure und Lektine. Phytinsäure findet sich in pflanzlichen Nahrungsmitteln, vornehmlich in Getreide und Hülsenfrüchten, sowie in geringerer Menge in Nüssen und Samen. Sie verhindert, dass gewisse Mineralstoffe ins Blut gelangen können; Defizite im Mineralstoffhaushalt stehen unter anderem im Zusammenhang mit Themen wie Osteoporose, Hautprobleme, Muskelkrämpfe, chronische Erschöpfung, mangelnde Fruchtbarkeit oder schwache Immunabwehr. Am besten vermindert man also die Aufnahme von Phytinsäure, indem man Getreide und Hülsenfrüchte meidet und Nüsse und Samen vor dem Verzehr einweicht.*

- ♥ *Lektine kommen in den meisten Pflanzen vor und in besonders hohem Maße in Getreide und Hülsenfrüchten. Eigentlich handelt es sich um ein natürliches Abwehrmittel der Pflanzen gegen ihre Fraßfeinde: Tiere bekommen bei ihrem Verzehr gravierende Verdauungsbeschwerden und lernen so, davon Abstand zu wahren. Genau das sollten wir auch tun! Denn eine Schädigung der Darmwände beeinträchtigt die Resorption von Nährstoffen.*

Allerdings ist zu vermerken, dass in einigen alten Kulturen durchaus Wildreis und Mais, seinerzeit noch ein Wildgetreide, gegessen wurden. Der Unterschied zwischen damals und heute besteht in den Verzehrmengen sowie der Verarbeitung und den Kochtechniken. Um das Nährstoffprofil bestimmter Getreidesorten und Hülsenfrüchte zu verbessern und einen Teil der Antinährstoffe zu eliminieren, werden Methoden der Fermentation, Einweichen und Garen empfohlen.

Getreide und Hülsenfrüchte, die man meiden sollte, sind unter anderem die folgenden:

GETREIDE, GETREIDE-PRODUKTE, REIS	HÜLSENFRÜCHTE	PSEUDOGETREIDE
Weizen	Sojabohnen	Quinoa
Gerste	Schwarzaugenbohnen	Amarant
Roggen	Rote Kidneybohnen	Chiasamen
Mais	Cannellinibohnen	Buchweizen
Dinkel	Getrocknete Erbsen	Hanfsamen
Kleie	Halbe Erbsen	Leinsamen
Polenta (Maisgrieß)	Linsen	
Hirse	Kichererbsen	
Hafer	Limabohnen	
Kamut	Borlottibohnen	
Natur-, Wild-, weißer Reis	Pintobohnen (Wachtelbohnen)	
Sorghumhirse		

♥ *Weißer Reis enthält weder Nähr- noch Giftstoffe, sondern im Wesentlichen einen hohen Anteil an Kohlenhydraten und richtet, in kleinen Mengen verzehrt, keinen nennenswerten Schaden an.*

♥ *Getrocknete Hülsenfrüchte müssen für einen unbedenklichen Genuss zuvor eingeweicht, fermentiert oder gekeimt werden. Aus Gründen der Bequemlichkeit streichen die meisten sie daher gleich von ihrem Speisezettel. Sojabohnen und aus ihnen gewonnene Erzeugnisse, etwa Sojamilch, Tofu und Fleischersatzprodukte, sind absolut schädlich und daher zu meiden; hingegen können fermentierte Sojaprodukte wie Miso, Natto und Tamari (weizen- und glutenfreie, natürlich gebraute Sojasauce) gelegentlich verwendet werden.*

♥ *Pseudogetreide weisen in puncto Antinährstoffe ähnliche Eigenschaften wie Getreide und Hülsenfrüchte auf. Sie haben jedoch einen in der Regel höheren Gehalt an Eiweiß, Vitamin B, Eisen und gesunden Fettsäuren, weshalb sie gelegentlich verzehrt werden können. Voraussetzung ist dabei die richtige Vorbehandlung, sprich Einweichen und Waschen.*

RAFFINIERTER ZUCKER UND KÜNSTLICHE SÜSSUNGSMITTEL

Wir wissen es längst: Zu viel Zucker tut nicht gut. Die Liste der Auswirkungen des Zucker-konsums ist lang und gut dokumentiert: Heißhungerattacken, Bluthochdruck, Fettleibigkeit, Diabetes, Verdauungsprobleme und die Entwicklung verschiedener Krebsarten sind nur einige der Stichwörter. Doch Süßungsmittel sind nicht durchweg schlecht. Entscheidend ist, wie sie gewonnen, wofür sie verwendet und wie sie von unserem Körper verwertet werden. Folgende Zucker und Süßungsmittel sollte man meiden (genau wie selbstverständlich alle Getränke und Lebensmittel, die diese enthalten):

Haushaltszucker, Puderzucker, Maissirup und Glucose-Fructose-Sirup, Malzsirup (Malzextrakt), Reissirup, Rübenzucker, Gerstenmalz, Golden Syrup (Zuckerrübensirup), Karamell, Demera-ra-Zucker, Fruchtzucker (Fructose), Traubenzucker (Glucose, Dextrose), Malzzucker (Maltose), Maltodextrin, Xylitol, Agavendicksaft; außerdem künstliche Süßstoffe wie Aspartam, Saccharin, Sucralose, Acesulfam und Sorbit.

PFLANZLICHE SPEISEÖLE

Nur geringfügig verarbeitete Öle und Fette (hierzu zählen Olivenöl und Butter) spenden dem Organismus gesunde Nährstoffe und wertvolle Energie. Im Gegensatz dazu weisen die stark verarbeiteten pflanzlichen Speiseöle (erzeugt etwa aus Sojabohnen, Raps und Mais) einen hohen Gehalt an Omega-6-Fettsäuren auf, die sich bei übermäßiger Zufuhr nachteilig auf die Gesund-heit auswirken. Gerade diese Öle sind in vielem, was wir uns heutzutage einverleiben, bereits ent-halten. Reichlich Omega-6-Fettsäuren finden sich auch im Fleisch von Tieren, die mit Getreide gefüttert wurden, was in der Massentierhaltung die Regel ist. Eine Ernährung mit einem hohen Anteil an Omega-6-Fettsäuren wird in Verbindung gebracht mit der Zunahme entzündlicher Erkrankungen, etwa Herz-Kreislauf-Problemen, Diabetes Typ 2, rheumatoider Arthritis, Asthma und Krebs.

Zusätzlich ist zu bedenken, dass die meisten Öle mit mehrfach ungesättigten Fettsäuren anfällig für Oxidation sind und leicht ranzig werden. Damit verwandelt sich der positive, die Herzge-sundheit fördernde Effekt ins Gegenteil; sie werden »giftig« und schädlich für den Organismus. Machen Sie daher möglichst einen Bogen um Maiskeim-, Sojabohnen-, Raps-, Distel-, Sonnen-blumen-, Erdnuss- und Traubenkernöl, außerdem um unspezifisch als »Pflanzenöl« bezeichnete Produkte und ebenso um Margarine, da sie aus den zuvor genannten Ölen hergestellt wird.

EINE ANMERKUNG ZU VERARBEITETEN LEBENSMITTELN

Bei meinem Wechsel zur Paleo-Ernährung wurde mir immer klarer, wie viele verarbeitete Lebens-mittel, die wir in Dosen, Gläsern und Beuteln in den Einkaufswagen packen, schädliche Zutaten wie Gluten, raffinierte Zucker und industriell fabrizierte Öle enthalten. Dasselbe gilt oft für das Essen in Restaurants – doch da sollte man einfach mal ein Auge zudrücken, sonst war's das mit dem gesellschaftlichen Leben. Je nachdem, wo Sie leben, finden Sie heute viele Produkte, die mit vornehmlich natürlichen Zutaten und unter Beachtung ethischer Grundsätze hergestellt wurden. Ansonsten gilt: Studieren Sie gründlich die Etiketten. Sie haben es selbst in der Hand, was bei Ihnen auf den Tisch kommt!

KÜCHEN
INVENTAR

Meine Gerätschaften

Kleine Hilfsmittel

Backpinsel, Dosenöffner, Fleischklopfer, Holzkochlöffel, Kartoffelstampfer, Küchenzange, Messbecher, Mörser mit Stößel, Reibe, Rollholz, Salatschleuder, Schaumkelle, Schneebesen, Schneidebretter, Schöpfkelle, Siebe (grobes Lochsieb, feines Sieb), Sparschäler, Teigschaber, Waage, Wasserkocher, Weckgläser, Zitruspresse.

Elektrisches Handrührgerät *Zum Aufschlagen, Rühren und Mischen; ideal mit mehreren Geschwindigkeitsstufen.*

Gusseisentopf/Kasserolle *Für Currys, Braten, Schmorgerichte, Tajines und Suppen. Ich selbst verwende eine große Kasserolle von Le Creuset.*

Kastenform *Für Bananenbrot, Hackbraten und Terrinen.*

Kuchenform, rund/Springform *Zum Backen von Biskuits, für Aufläufe und Frittata.*

Küchenmaschine *Zum blitzschnellen Zerkleinern, Mischen und Pürieren.*

Slow Cooker *Für schonendes Garen von Schmorgerichten, Eintöpfen und Suppen. Alles geht darin fast wie von selbst!*

Standmixer *Püriert und mixt Suppen, Smoothies und Würzmischungen.*

2 große Auflaufformen/Bräter *Für die Zubereitung von Braten, Gemüse und Aufläufen.*

Bratenthermometer (analog oder digital) *Zum Prüfen des Gargrads von Fleisch und der Temperatur von Flüssigkeiten.*

Elektrogrill oder Grillpfanne *Zum Grillen von Fleisch, Fisch, Meeresfrüchten oder Gemüse.*

Entsafter *Ich liebe Gemüsesäfte – als Getränk und auch als Kochzutat.*

Frischhaltedosen verschiedener Größe *Zur Aufbewahrung von vorbereiteten Zutaten und von Resten.*

Gemüsehobel *Zum Schneiden von Früchten und Gemüse in hauchdünne Scheiben oder Streifen.*

Wok *Für pfannengerührte Gerichte im Asia-Stil.*

2 Backbleche *Zum Plätzchenbacken, Trocknen von Nüssen und Dörren (z. B. auch von Fleisch für Jerky).*

Muffinform *Für Cupcakes, Mini-Küchlein, Ei-»Muffins« und natürlich »richtige« Muffins.*

Große Pfanne mit hohem Rand *Anbraten ganzer Bratenstücke, Braten von Fleisch, Garen von Eintöpfen, Gemüse und Fleischbällchen, Pfannenrühren von Gemüse.*

Kleine Pfanne *Zum Braten von Eierspeisen, Speck und Omeletts.*

Großer Topf *Zum Garen von großformatigem Gemüse, Kochen von Brühe und Sterilisieren von Gläsern.*

Kleiner Topf *Zum Eierkochen, für Saucen, zum Schmelzen von Schokolade.*

Mittelgroßer Topf *Zum Zubereiten von Saucen, Gemüse und Suppen.*

OPTIONAL: Coole Extras

Thermomix *Das Multifunktionsgerät kann nicht nur zerkleinern, schlagen, mixen, rühren und kneten, sondern auch wiegen, schmelzen und kochen.*

Magic Bullet *Ein Minimixer, der sogar in den Koffer passt.*

Dörrautomat *Zum Trocknen eingeweichter Nüsse, für Dörrobst und Beef Jerky.*

Lunchboxen und Thermosbecher

In der Speisekammer

Gewöhnlich hält meine Speisekammer die folgenden Zutaten bereit
(viele von ihnen wandern nach dem Anbruch in den Kühlschrank):

Trockene Zutaten

Glutenfreies Backpulver, Cashewkerne, Kaffeebohnen, rohes
Kakaopulver, Kokosblütensirup oder Kokosblütenzucker,
Kokosmehl, Kürbiskerne, Macadamianüsse, Mandeln, ganz und
gemahlen, Quinoa, weißer Reis (nur ausnahmsweise!), dunkle
Schokolade, Sesamsamen, naturbelassenes Stevia, Tapioka-
stärke, verschiedene Teesorten, Vanilleextrakt.

Flüssige und Würzzutaten

Scharfe Chilisauce, Coconut Aminos, Essig (Cidre-,
Balsamico-, Weißwein-), Fischsauce, Kokosmilch, -öl,
-wasser und -butter, Macadamiaöl, Naturhonig, kalt-
gepresstes Olivenöl, Rotwein, Senf, Sesamöl, Tahin, Verjus,
glutenfreie Worcestersauce.

Gewürze und getrocknete Kräuter

Chiliflocken, Currypulver, Fünf-Gewürze-Pulver,
Gewürznelken, italienische Kräuter, Knoblauchpulver,
gemahlener Koriander und Kreuzkümmel, Kurkuma,
Lorbeerblätter, Meersalz, Muskatnuss, Paprika edelsüß
und geräuchert, schwarzer Pfeffer, Rosmarinblätter,
Sternanis, Zimt.

In Gläsern und Dosen

Artischocken, Dosentomaten,
Gewürzgurken, Jalapeño-Chilis,
Kapern, Lachs, Meerrettich, Sardel-
len, Sardinen, sonnengetrocknete
Tomaten, Tomatenmark.

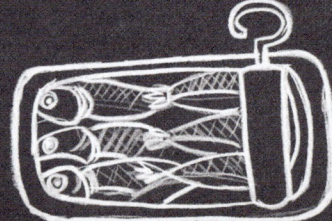

In Kühlschrank und Küche

Was ich an frischen Zutaten im Haus habe, hängt von der Jahreszeit und auch davon ab, was gerade ansteht. Eine Auswahl der folgenden Lebensmittel steht bei mir aber normalerweise immer im Kühlschrank oder auf der Arbeitsfläche bereit.

Frische Früchte, Gemüse und Kräuter

Äpfel, Avocados, Bananen, Beeren, Blattsalate, Blumenkohl, Brokkoli, Ingwer, Karotten, Kiwis, Knoblauch, verschiedene Kräuter, Kürbis, rote Paprikaschote, Pilze, Radieschen, Salatgurke, Spinat, Stangensellerie, Süßkartoffeln, Tomaten, Weiß-/Rotkohl, Zwiebeln.

Im Gefrierfach

Beeren, Bouillon/Fond in Portionen, Erbsen, Spinat, Suppen, Würste.

Fette

Butter, Fischöl, Ghee.

Proteinquellen

Eier aus Freilandhaltung, Frühstücksspeck, gekochte Garnelen, griechischer Vollfettjoghurt oder Kokosjoghurt, Hackfleisch vom Rind, ganzes Hähnchen, Lammkoteletts oder -keulen, Leberpastete, Oliven, Parmesan und Halloumi-Käse, Salami, Sauerkraut.

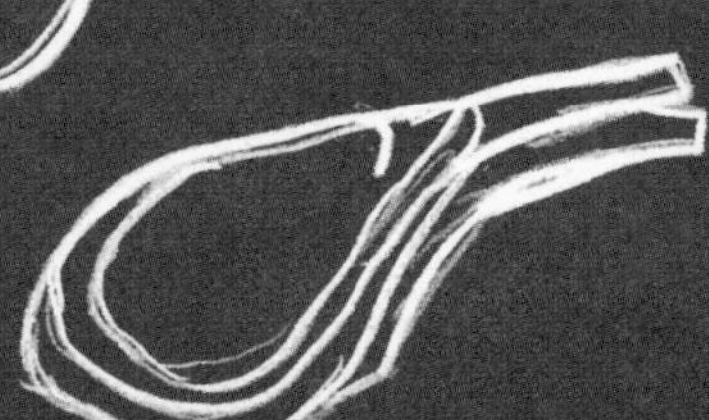

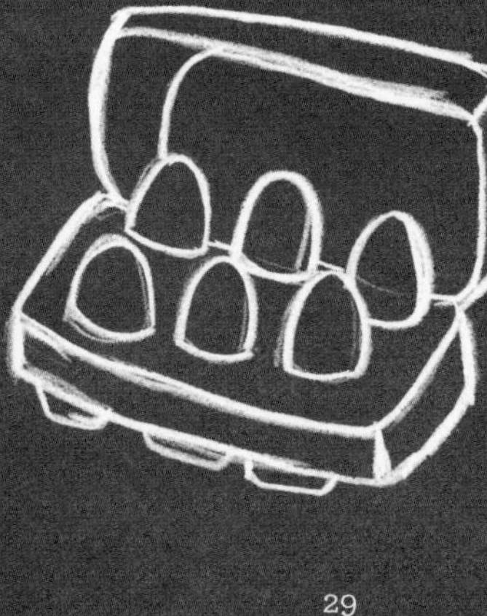

Haselnuss-Pancakes
mit Blutorangensauce

*Erst mal richtig ausschlafen, dann zum Frühstück zarte Pancakes und dazu
ein frisch aufgebrühter Kaffee – könnte ein Sonntag besser beginnen? Diese Paleo-Pancakes haben
eine etwas andere Konsistenz als die üblichen, aber gerade deshalb schmecken
sie allen besonders gut.*

ERGIBT 12 PANCAKES

Für die Sauce
60 g Butter
3 Blutorangen, 2 davon geschält
und in Scheiben geschnitten,
1 ausgepresst
Saft von 1 Blondorange
1 EL Zitronensaft
2 TL Kokosblütenzucker oder
Naturhonig
1 Vanilleschote, längs aufgeschlitzt

Für die Pancakes
4 Eier
1 TL Vanilleextrakt
1 Banane
2 EL Kokosmehl
170 g gemahlene Haselnüsse
½ TL Natron oder glutenfreies
Backpulver
Ghee oder Kokosöl

Die Butter in einem kleinen Topf schmelzen. Blutorangen-, Orangen- und Zitronensaft, Kokosblütenzucker oder Honig sowie Vanilleschote dazugeben. Zum Köcheln bringen, die Orangenscheiben hinzufügen und auf kleiner Stufe 15 Minuten dünsten; ab und zu umrühren.

Für die Pancakes die Eier mit dem Vanilleextrakt verquirlen. Die Banane zerdrücken und darunterrühren. Kokosmehl und Haselnüsse zugeben. Das Natron oder Backpulver gleichmäßig darüberstreuen und alles mit dem Schneebesen gründlich verrühren.

Noch schneller ist der Teig im Mixer zubereitet: Zunächst die flüssigen Zutaten und die Banane mixen. Nach 10 Sekunden die trockenen Zutaten hinzufügen und rasch daruntermixen.

Eine große Pfanne auf mittlerer Stufe erhitzen. 1 TL Ghee oder Kokosöl darin schmelzen. Aus jeweils etwa 60 ml des Teigs Pancakes backen: Wenn sich nach etwa 2 Minuten auf der Oberseite Bläschen zeigen, wenden und auf der zweiten Seite noch 1 Minute backen. Die fertigen Pancakes locker mit Alufolie bedeckt warm halten, bis der gesamte Teig verarbeitet ist. Die Pfanne immer wieder neu mit Ghee oder Kokosöl ausstreichen. Die Pancakes mit der Blutorangensauce und den Fruchtscheiben anrichten.

Als schnelle Alternative zur Orangensauce die Pancakes mit Beeren, Banane und Naturhonig servieren. Die Butter lässt sich durch 2 EL Ghee oder Kokosöl ersetzen. Statt gemahlener Haselnüsse nach Belieben gemahlene Mandeln verwenden.

Granola

Ich stelle diese Knuspermischung fast jede Woche her, denn sie ergibt ein prima Frühstück anstelle von Eierspeisen und lässt sich als Snack für unterwegs gut in einem Zip-Beutel mitnehmen. Gewöhnlich kombiniere ich Granola mit frischem Obst und etwas Naturjoghurt; Sie können aber als laktosefreie Variante genauso gut Kokos- oder Mandelmilch wählen.

ERGIBT 10 PORTIONEN

400 g gemischte ganze Mandeln, Haselnüsse und Macadamianüsse

120 g Backpflaumen, getrocknete Kirschen, Cranberrys oder Aprikosen

65 g Kürbiskerne

60 g getrocknete Kokosraspel

85 g Kokoschips (oder mehr Kokosraspel)

2 EL Ahornsirup

2–3 EL Naturhonig oder Kokosblütensirup

1 TL Vanilleextrakt

abgeriebene Schale von 1 unbehandelten Orange, nach Belieben

1–2 EL Chiasamen

Im Idealfall weichen Sie die verwendeten Nüsse und Samen bereits am Vorabend ein, um die enthaltene Phytinsäure zu neutralisieren (falls die Zeit dafür nicht reicht, ist das aber auch kein Beinbruch).

Etwa drei Viertel der Nüsse und Trockenfrüchte im Blitzhacker grob bis mittelgrob zerkleinern – dabei wird einiges auch feiner gemahlen; die unterschiedliche Textur macht gerade den Gaumenkitzel der fertigen Mischung aus.

Nun sämtliche Zutaten bis auf die Chiasamen in einer großen Schüssel mit einem Holzlöffel oder Spatel vermengen. Durch Honig und Ahornsirup zusammenhängende Klumpen zerteilen – einige größere Brocken dürfen aber ruhig erhalten bleiben.

Den Backofen auf 170 Grad vorheizen. Ein tiefes Blech mit Kokosöl ausstreichen und mit Backpapier auslegen. Die Granola-Mischung gleichmäßig darauf verteilen. 10 Minuten im Ofen backen, dann wenden und weitere 8–10 Minuten rösten. Nochmals durchmischen und alles noch 3–4 Minuten gleichmäßig knusprig braun backen.

Die Granola-Mischung aus dem Ofen nehmen und vollständig auskühlen lassen. Die Chiasamen daruntermischen. Das Granola luftdicht verschlossen aufbewahren. In einer kühlen Speisekammer hält es sich etwa 2 Wochen, im Kühlschrank länger.

Mit Kokosjoghurt (siehe Seite 184) genießen.

Wachsweiches Ei
mit getrüffeltem grünem Spargel

Früher liebte ich es, Toastbrotstreifen in den cremigen Dotter wachsweich gekochter Eier zu tunken. Nachdem ich inzwischen kein Brot mehr esse, habe ich mir eine wunderbare Alternative ausgedacht. Grüner Spargel, in Butter und Trüffelöl geschwenkt, schmeckt zusammen mit dem flüssigen Ei einfach traumhaft.

FÜR 2 PERSONEN

4 mittelgroße Eier
12 grüne Spargelstangen, holzige Enden entfernt
1 TL Olivenöl extra vergine oder Butter
1 TL Trüffelöl
Meersalz, Pfeffer aus der Mühle
1 Spritzer Zitronensaft oder Verjus (siehe Kasten)

Hochwertiges Trüffelöl wird aus mildem kaltgepresstem Olivenöl (extra vergine) und Stücken von Trüffeln zubereitet. Meiden Sie billige, verfälschte Produkte. Mit Trüffelöl veredeln Sie Rührei, gebratene Champignons, grob zerdrückten Blumenkohl, Saucen und Salatdressings. Verjus ist der angenehm säuerliche und fein aromatische Saft von unreifen Trauben. Er kann als milder Ersatz für Essig oder Zitronensaft verwendet werden.

Eier aus dem Kühlschrank zunächst 5–10 Minuten Raumtemperatur annehmen lassen. In einem kleinen Topf Wasser aufkochen; vom Herd nehmen, die Eier behutsam ins Wasser geben, den Topf nach 10 Sekunden wieder auf den Herd stellen, das Wasser erneut aufkochen lassen und dann die Eier etwa 5 Minuten garen; das Eiweiß sollte gestockt, der Dotter jedoch noch cremig weich sein. Die Eier unter fließendem kaltem Wasser 15 Sekunden abschrecken, um den Garprozess zu stoppen und das Schälen zu erleichtern.

Statt des manchmal empfohlenen Einstechens der Eier am dickeren Ende genügt es nach meiner Erfahrung, sie zuvor Raumtemperatur annehmen zu lassen und sie nicht ins heftig sprudelnde Wasser zu geben. Die exakte Garzeit variiert leicht je nach Eigröße sowie je nach Höhenlage: je höher über dem Meeresspiegel, desto mehr Zeit benötigen die Eier bis zum gewünschten Garzustand.

Während die Eier garen, den Spargel in Butter und Trüffelöl auf mittlerer Stufe 1–2 Minuten braten. Mit etwas Meersalz und Pfeffer bestreuen und mit Zitronensaft oder Verjus beträufeln.

Spätsommerliche Frittata

Wenn der Spätsommer allmählich dem Herbst das Feld überlässt, stehen uns mit etwas Glück noch warme, sonnige Tage ins Haus. Nachts aber kann es bereits empfindlich kühl werden. Dann wird es Zeit, in der Küche auf den Soulfood-Modus um- und dafür den Backofen einzuschalten.

FÜR 4–6 PERSONEN

Kokosöl für die Form
1 große Süßkartoffel, gewürfelt
2 Zwiebeln, in Scheiben geschnitten
1 rote Paprikaschote, in Streifen geschnitten
Ghee oder Macadamiaöl
2 EL frische Thymianblättchen
5 Knoblauchzehen, fein gewürfelt
1 EL Balsamicoessig
Meersalz, schwarzer Pfeffer aus der Mühle
10 Eier
abgeriebene Schale von 1 unbehandelten Zitrone
50 g Parmesan, gerieben
160 g Crème double oder Crème fraîche, nach Belieben
50 g Pinienkerne

Den Backofen auf 200 Grad vorheizen. Ein kleines Backblech oder eine flache Auflaufform mit Kokosöl ausstreichen. Die Süßkartoffelwürfel auf dem Blech verteilen und 20 Minuten im Ofen garen. Herausnehmen und die Ofentemperatur auf 180 Grad reduzieren.

In einer Pfanne Zwiebeln und Paprika in Ghee oder Macadamiaöl unter häufigem Rühren auf mittlerer Stufe 15 Minuten braten; nach 10 Minuten Thymianblättchen, Knoblauch, Balsamico und eine Prise Salz untermischen.

Die Eier mit einem Schneebesen gründlich mit der abgeriebenen Zitronenschale, großzügig Meersalz, eine Prise Pfeffer, dem geriebenen Käse und, nach Belieben, Crème double oder Crème fraîche verrühren. Ein Backblech mit hohem Rand oder eine flache Auflaufform mit Kokosöl ausstreichen und mit Backpapier so auskleiden, dass auch der Rand bedeckt ist. Süßkartoffelwürfel, Zwiebeln und Paprika hineingeben, mischen und gleichmäßig verteilen. Das Ganze mit der Eiermischung übergießen. Für 10 Minuten in den vorgeheizten Ofen schieben, dann mit den Pinienkernen sowie zusätzlich frischen Thymianblättchen bestreuen und weitere 15 Minuten backen. Die Frittata aus dem Ofen nehmen und 5 Minuten ruhen lassen. Mithilfe des Backpapiers auf ein Schneidebrett heben und in Stücke schneiden.

Natürlich können Sie die Frittata auch in einer runden Backform zubereiten. Wer Milchprodukte meidet, lässt Crème double oder Crème fraîche und Käse weg und nimmt stattdessen 1 oder 2 zusätzliche Eier. Dadurch wird die Frittata etwas fester, aber ebenfalls sehr lecker. Im Kühlschrank kann man sie 3–4 Tage aufbewahren.

Bananenbrot

*Dieses Bananenbrot ist im Handumdrehen zubereitet und steht im Geschmack
der herkömmlichen Version mit Weizenmehl in nichts nach. Es ist, in Scheiben geschnitten, ideal
als Snack, zum Mitnehmen oder für ein schnelles Frühstück.*

FÜR 10 PERSONEN

Kokosöl für die Form
3 Eier
Salz
2 Bananen, zerdrückt
1 EL Naturhonig oder Ahornsirup
1 TL Vanilleextrakt
2½ EL Kokos- oder Macadamiaöl
170 g gemahlene Mandeln
1 TL glutenfreies Backpulver
3 EL Tapiokastärke (Tapiokamehl)
1 Prise gemahlene Muskatnuss
1 TL gemahlener Zimt
2 EL getrocknete Kokosraspel
2–3 EL Walnüsse, gehackt
40 g getrocknete Aprikosen oder
Feigen, gehackt

Den Backofen auf 165 Grad vorheizen. Eine Kastenform
mit Kokosöl ausstreichen und den Boden mit Backpapier
belegen.

Die Eier mit einer Prise Salz in eine große Schüssel geben
und mit dem Schneebesen schaumig dick aufschlagen.
Bananen, Honig, Vanilleextrakt und Kokosöl untermischen.
Gemahlene Mandeln, Backpulver, Tapiokastärke, Muskat-
nuss, Zimt und Kokosraspel gründlich darunterrühren.
Zuletzt die Walnüsse und Trockenfrüchte einrühren.

Der Teig kann auch im Mixer zubereitet werden: Dazu zuerst Eier, Salz, Bananen, Honig, Vanilleextrakt und Kokosöl
20–30 Sekunden zu einer glatten, schaumigen Masse mixen. Dann gemahlene Mandeln, Backpulver, Tapiokastärke,
Muskatnuss, Zimt und Kokosraspel beigeben und gleichmäßig unterrühren. Zuletzt die Walnüsse und Trockenfrüchte von Hand untermischen.

Die Masse in die vorbereitete Form füllen und glatt
streichen; nach Belieben mit einigen Walnusshälften bestreuen.

Das Bananenbrot im Ofen auf der mittleren Schiene
45–55 Minuten backen. Es ist gar, wenn ein in der Mitte
eingestochener Holzspieß sauber wieder herauskommt.
Aus dem Ofen nehmen, 5–10 Minuten abkühlen lassen und
aus der Form stürzen. Mit einem Küchentuch abgedeckt
vollständig auskühlen lassen.

Das Brot schmeckt auch gut getoastet und mit etwas Butter
bestrichen.

Crêpes mit pikanter Chorizofüllung

Herzhafte Crêpes oder doch lieber mexikanische Burritos? Ich hatte geschwankt, und heraus kam dieses gelungene Zufallsprodukt, das dann seinen Weg in mein Kochbuch fand.

FÜR 2 PERSONEN

2 EL Olivenöl
½ Zwiebel, fein gewürfelt
½ rote Paprikaschote, fein gewürfelt
1 mittelgroße Chorizo (spanische rohe Schweinswurst)
1 EL Harissa, fertig gekauft oder selbst gemacht (siehe unten)
6 Eier
Salz
Ghee
frisches Koriandergrün und Avocadospalten zum Servieren

Schnelles Harissa
3 EL Olivenöl extra vergine
1 große rote Chilischote, entkernt, fein gehackt
1 Zwiebel, fein gehackt
4 Knoblauchzehen, fein gehackt
2 kleine rote Chilischoten, fein gehackt
1 TL gemahlener Koriander
1 TL gemahlener Kreuzkümmel
1 TL Meersalz
1 EL Balsamicoessig
1 Bund Koriander, gehackt

Zunächst das Harissa herstellen, falls Sie kein fertig gekauftes verwenden. Dazu das Öl in einer großen Pfanne erhitzen und sämtliche Zutaten (außer dem frischen Koriander) darin bei mittlerer Hitze etwa 7 Minuten sanft andünsten. Abkühlen lassen, den Koriander untermischen und alles zu einer groben Paste pürieren. Das Harissa hält sich gut 1–2 Wochen im Kühlschrank.

Das Olivenöl in einer kleinen Pfanne erhitzen. Die Zwiebel- und Paprikawürfel 3–4 Minuten unter häufigem Rühren weich dünsten.

Die Chorizo häuten und fein hacken. Zusammen mit dem Harissa unter die Zwiebel- und Paprikawürfel mischen und 3–4 Minuten unter häufigem Rühren braten, bis das Wurstbrät leicht gebräunt und knusprig ist. Alles in eine Schüssel füllen.

Die Eier mit einer Prise Salz verquirlen. In einer Pfanne ½ TL Ghee auf mittlerer Stufe erhitzen. Mit einer Schöpf-kelle etwas von der Eimischung hineingießen und durch sofortiges Schwenken gleichmäßig dünn auf dem Pfannen-boden verteilen. Nach 1 Minute den Pfannkuchen mit einem Spatel vom Rand lösen, behutsam wenden und von der zweiten Seite fertig backen (sehr dünne Pfannkuchen braucht man eventuell nicht einmal zu wenden). Den Pfannkuchen auf einen Teller gleiten lassen und warm stellen, bis der übrige Teig verarbeitet ist.

Auf jeden Pfannkuchen 2–3 EL der gebratenen Wurst-mischung geben und zusammenfalten. Mit frischem Koriandergrün und Avocadospalten servieren.

> Chorizo, eine spanische Spezialität, ist eine geräucherte Rohwurst vom Schwein, die durch Knoblauch, Paprika und andere Gewürze herzhafte Würze erhält. Die scharfe nordaf-rikanische Gewürzpaste Harissa können Sie in guter Qualität fertig kaufen, aber natürlich ebenso selbst herstellen.

Porridge mit Banane und Chai-Gewürzen

Dieser warme, nahrhafte Brei im indischen Stil tut Leib und Seele einfach gut. Genießen Sie ihn am Wochenende, wenn Sie Ruhe und Muße haben.

FÜR 2 PERSONEN

70 g geschälte Macadamianüsse
70 g geschälte Mandeln
1 Banane
250 ml Kokosmilch
125 ml Wasser
50 g getrocknete Kokosraspel
1 EL Chiasamen
½ TL gemahlener Kardamom
½ TL gemahlener Ingwer
½ TL gemahlener Zimt
1 Prise gemahlene Muskatnuss
1 Prise Salz
1 TL Vanilleextrakt
1 EL Naturhonig zum Beträufeln
frische Beeren und Zimt
zum Servieren

Die Macadamianüsse und die Mandeln im Blitzhacker fein krümelig hacken. Die Banane grob zerkleinern und untermixen, bis sie püriert ist. (Alternativ können Sie Macadamianüsse und Mandeln auch im Mörser fein zerstoßen und die Banane mit einer Gabel zerdrücken.) Die Mischung in einen kleinen Topf füllen.

Die übrigen Zutaten außer dem Honig und den Beeren hinzufügen. Das Ganze erhitzen und einige Minuten leicht köcheln lassen. Den Porridge auf Schalen verteilen. Mit Honig beträufeln, frische Beeren dazugeben und vor dem Servieren noch mit etwas Zimt bestäuben.

Sie können eine größere Menge der gehackten Macadamianüsse und Mandeln, bereits mit den Gewürzen vermischt, in einem luftdichten Gefäß auf Vorrat halten. Dann geht die Zubereitung ganz schnell. Statt geschälter Mandeln können diese hier auch mitsamt ihrer braunen Haut verarbeitet werden.

Zucchinipuffer mit Speck

Ein De-luxe-Brunch am Wochenende? Zum Beispiel mit diesen herzhaften und sättigenden kleinen Fladen. Machen Sie davon gleich eine größere Menge – für das Mittagessen oder als Imbiss am nächsten Tag. Auch Kinder werden davon begeistert sein.

FÜR 3 PERSONEN

Für das Zwiebel-Relish
3 EL Olivenöl extra vergine
2 mittelgroße Zwiebeln,
in Streifen geschnitten
1 große rote Chilischote,
fein gewürfelt
⅔ TL Meersalz
1 Knoblauchzehe, fein gewürfelt
2 EL Balsamicoessig
1 EL Tomatenmark
½ TL gemahlener Koriander
125 ml Wasser

Für die Puffer
2 Scheiben Frühstücksspeck,
vom Fett befreit und gewürfelt
Ghee, nach Belieben
2 mittelgroße Zucchini, geraspelt
1 mittelgroße Karotte, geschält,
geraspelt
½ Frühlingszwiebel, grob gehackt
2 Eier
2 EL Tapiokastärke (Tapiokamehl)
⅔ TL Meersalz
½ TL Pfeffer aus der Mühle
¼ TL glutenfreies Backpulver
3 EL Kokosöl

Für das Relish das Olivenöl in einer Pfanne oder einem Topf auf mittlerer Stufe erhitzen. Zwiebeln, Chili und Salz darin bei mittlerer bis schwacher Hitze 4–5 Minuten dünsten. Die übrigen Zutaten zum Relish untermischen und köcheln lassen, bis die Zwiebeln weich und karamellisiert sind.

Für die Puffer in einer Pfanne die Speckwürfel in etwas Ghee oder unter Zugabe von einem Teil des abgeschnittenen Fetts knusprig braten. Auf Küchenpapier abtropfen lassen.

Die übrigen Zutaten bis auf das Kokosöl in einer Schüssel mit dem knusprigen Speck zu einem dicken, feuchten Teig vermengen.

Das Kokosöl in einer großen Pfanne erhitzen. Mit einem großen Löffel den Teig portionsweise mit 1–2 cm Abstand zueinander in die Pfanne setzen und von beiden Seiten jeweils 3 Minuten knusprig braten; nach Bedarf weiteres Kokosöl hinzufügen. Die Zucchinipuffer mit dem Zwiebel-Relish anrichten. Nach Belieben mit frischen Frühlingszwiebelröllchen bestreuen.

Statt der Tapiokastärke eignen sich auch fein gemahlene Mandeln, Kastanienmehl, Kartoffelstärke oder Kokosmehl. Letzteres saugt aber mehr Flüssigkeit auf, sodass die Puffer etwas trockener geraten. Statt der Chili kann man das Relish auch nur mit schwarzem oder weißem Pfeffer würzen. Reste des Relishs genießen Sie zu gegrillten Lamm- oder Beefsteaks oder mischen es unter Rührei. Die Karotten- und Zucchiniabfälle lassen sich gut für eine feine Gemüsebrühe verwerten.

Süßkartoffelrösti mit Sardinensalat

Paleo-Frühstück geht auch ohne Eier. Wann immer ich eine Pause von Omeletts und Co. brauche, kommt mir oft diese Zubereitung in den Sinn. Einer meiner Favoriten aus der herzhaften Riege – ein guter Energielieferant und voller Vitamin C, Beta-Carotin und Omega-3-Fettsäuren.

FÜR 2 PERSONEN

Für die Rösti
2 EL Kokosöl oder Ghee
1 mittelgroße Süßkartoffel, geschält und geraspelt
⅔ TL Meersalz
½ TL Pfeffer aus der Mühle

Für den Sardinensalat
½ mittelgroße Salatgurke, in Scheiben geschnitten
100 g Fenchel, in Scheiben geschnitten
½ grüner Apfel, in dünne Spalten geschnitten
½ rote Zwiebel, in Scheiben geschnitten
1 EL gehackter frischer Dill
1 EL Olivenöl extra vergine
1 EL Zitronensaft
100–150 g Ölsardinen, abgetropft
1 EL Mayonnaise

Das Kokosöl oder Ghee in einer Pfanne stark erhitzen. Die Süßkartoffelraspel hineingeben und mit einem Spatel zu einem flachen Fladen drücken. Die Hitze auf mittlere Stufe zurückschalten und die Rösti insgesamt etwa 10 Minuten goldbraun braten, dabei die Masse alle paar Minuten vom Pfannenboden lösen und wenden. Mit Meersalz und Pfeffer bestreuen.

Für den Salat Gurken-, Fenchel-, Apfel- und Zwiebelscheiben mit dem Dill sowie Olivenöl und Zitronensaft vermischen. Die Sardinen in Stücke schneiden und vorsichtig unterheben. Den Salat zusammen mit der Rösti anrichten und mit etwas Mayonnaise garnieren.

Wählen Sie eine Mayonnaise auf der Basis von Oliven- oder Macadamiaöl und nicht, wie bei konventionellen Produkten üblich, Soja- oder Pflanzenöl. Ein Rezept zum Selbermachen finden Sie auf Seite 193. Die Sardinen können Sie auch durch Lachs oder Thunfisch aus der Dose ersetzen.

Champignons, gefüllt mit Artischocken-Macadamia-Paste

Ein weiterer Vorschlag für ein herzhaftes Frühstück ohne Ei. Die Füllung können Sie bereits am Vorabend vorbereiten und schon in die Pilze geben. Dann müssen diese am Morgen nur noch in den Backofen wandern, während Sie im Bad verschwinden.

Die Macadamianüsse 3–4 Stunden in Wasser einweichen. Abgießen und abspülen.

Die Zwiebel in 1 EL Ghee oder Olivenöl weich und goldgelb dünsten.

Nüsse, Artischocken, Zwiebel, Knoblauch, Zitronenschale, Salz und eine Prise Pfeffer zusammen mit 1 EL Ghee (oder Butter) im Blitzhacker oder Mixer zu einer glatten, dicken Paste verarbeiten.

Den Backofen auf 180 Grad vorheizen. Eine flache Auflaufform mit Ghee oder Olivenöl ausstreichen. Die Champignons jeweils mit 1 TL Artischocken-Macadamia-Paste füllen. In die Form setzen und im Ofen 20–30 Minuten backen. Mit gehackter oder grob zerzupfter Petersilie bestreuen und mit gebratenem Speck als Beigabe servieren.

> Vielleicht bekommen Sie Portobello-Pilze oder Riesenchampignons, dann reichen 4–6 Stück davon. Cashewkerne wären ein ebenbürtiger Ersatz für die Macadamianüsse. Und Ghee oder Olivenöl lässt sich durch Butter ersetzen, die der Füllung ein noch volleres Aroma verleiht.

FÜR 2 PERSONEN

60 g Macadamianüsse
1 mittelgroße Zwiebel, fein gewürfelt
2 EL Ghee oder Olivenöl extra vergine für die Füllung
100 g Artischockenherzen (Konserve)
1 Knoblauchzehe, grob gehackt
abgeriebene Schale von
1 unbehandelten Zitrone
⅔ TL Meersalz
Pfeffer aus der Mühle

12 große Champignons, abgerieben, Stiele abgetrennt
1 EL Ghee oder Olivenöl für die Form
Petersilie und knusprig gebratener Frühstücksspeck (Bacon) zum Servieren

Fast wie ein Bagel
mit Räucherlachs

*Ich war immer ein großer Fan von Lachs-Bagels. Nachdem ich keine Bagels mehr esse,
habe ich für die Momente, in denen mich die große Lust nach etwas Vergleichbarem überkommt,
eine Alternative ersonnen. Mein Rezept basiert auf Süßkartoffelküchlein
und ist völlig unkompliziert.*

FÜR 1 PERSON

1 mittelgroße Süßkartoffel (300 g)
Meersalz, schwarzer Pfeffer
aus der Mühle
1 EL Kokosmehl
1 EL Ghee oder Kokosöl
1 EL Mayonnaise
2–3 Scheiben Räucherlachs
¼ rote Zwiebel, in Scheiben
geschnitten
1 EL kleine Kapern

Die Süßkartoffel schälen und fein reiben. Kräftig Salz, eine
Prise Pfeffer und das Kokosmehl daruntermischen.

In einer Pfanne das Ghee oder Kokosöl kräftig erhitzen.
Aus der Süßkartoffelmasse mit den Händen zwei dicke,
runde Küchlein formen. Ins zischend heiße Fett geben, mit
einem Spatel flach drücken und auf mittlerer Stufe von
beiden Seiten je 4–5 Minuten braten. Um den Garvorgang
zu beschleunigen, lege ich dabei oft für einige Minuten
einen Deckel auf.

Auf eines der Süßkartoffelküchlein etwas Mayonnaise
streichen, darauf Lachs, Zwiebel und Kapern geben. Das
zweite Küchlein ebenfalls mit etwas Mayonnaise besteichen
und mit der bestrichenen Seite nach unten als Deckel
auflegen. Nach Belieben zusätzlich einige Rucola- oder
Salatblätter in das Sandwich packen.

Ei-»Muffins« Extraklasse

Ich gebe zu: Das Rezept stammt nicht von mir! Zwar habe ich etwas Ähnliches früher schon zubereitet, aber nicht in dieser Kombination. Mein Freund hat es erfunden, und er hat mir erlaubt, es hier vorzustellen. Diese einfachen herzhaften »Muffins« sind bei allen der absolute Renner.

FÜR 3 PERSONEN

1–2 EL Olivenöl extra vergine
1 kleine Zwiebel, fein gewürfelt
4–5 Scheiben Salami oder Chorizo, fein gewürfelt
4 dicke Scheiben Halloumi-Käse
Olivenöl für die Form
6 Eier
Salz, Pfeffer aus der Mühle

Das Olivenöl in einer Pfanne erhitzen und die Zwiebel darin 4–5 Minuten weich und goldgelb dünsten; aus der Pfanne nehmen und in eine Schüssel umfüllen. Nun die Salami oder Chorizo knusprig braun braten; ebenfalls in die Schüssel geben. Schließlich den Halloumi von beiden Seiten je etwa 1 Minute braten, bis sich eine goldbraune Kruste gebildet hat. Aus der Pfanne nehmen und in kleine Stücke schneiden; ebenfalls in die Schüssel geben und alles gut durchmischen.

Den Backofen auf 170 Grad vorheizen. Die Mulden einer 6er-Muffinform mit Olivenöl ausstreichen.

Die Eier mit je einer Prise Salz und Pfeffer verquirlen. Jeweils 1 EL der Salami-Halloumi-Mischung in die Mulden der Muffinform geben. Das verquirlte Ei gleichmäßig darüber verteilen. Die Eimasse im Backofen etwa 17 Minuten garen, bis sie etwas aufgegangen und gestockt ist und eine leichte Kruste aufweist.

Sobald sie aus dem Ofen kommen, fallen die »Muffins« schnell zusammen, behalten aber auch nach dem Herauslösen aus den Mulden ihre Form. Wir genießen sie zusammen mit Avocado, Kirschtomaten, Sauerkraut und Chilisauce.

> Halloumi ist ein salziger, halbfester Schnittkäse, traditionell aus Ziegen- und/oder Schafmilch, mitunter unter Beigabe von Kuhmilch zubereitet. Bereiten Sie die Käse-Zwiebel-Salami-Mischung bereits am Vorabend vor. Dann geht es am nächsten Morgen wie geschmiert. Experimentieren Sie als Ersatz für den Halloumi mit Kombinationen etwa aus sonnengetrockneten Tomaten und Champignons oder gedünstetem Spinat.

aus dem

Garten

Grüner Spargel
mit warmem Pilzdressing

FÜR 2–3 PERSONEN

Für das Pilzdressing
60 ml Olivenöl extra vergine oder
Macadamiaöl
½ Zwiebel, fein gewürfelt
10 g getrocknete Steinpilze
(ca. 1 Handvoll), eingeweicht
7 Champignons
1 Knoblauchzehe, gehackt
1 EL Verjus (siehe Kasten Seite 36)
oder Weißweinessig
⅔ TL Meersalz
½ TL schwarzer Pfeffer aus der
Mühle

Für den Spargel
1 TL Kokosöl oder Ghee
2 Bund grüner Spargel,
holzige Enden entfernt
Trüffelöl, nach Belieben,
und frische Petersilie zum Servieren

Das Oliven- oder Macadamiaöl in einer Pfanne auf mittlerer Stufe erhitzen. Die Zwiebel darin unter häufigem Rühren 5 Minuten weich dünsten. Die Steinpilze abgießen, ausdrücken und ebenso wie die Champignons grob hacken. Zu der Zwiebel in die Pfanne geben und weitere 3–4 Minuten braten. Knoblauch, Verjus oder Essig, Salz und Pfeffer untermischen. Alles noch einige Minuten dünsten, dann vom Herd nehmen.

In einer zweiten Pfanne für den Spargel Kokosöl oder Ghee erhitzen. Die Spargelstangen von beiden Seiten etwa 1 Minute anbraten – sie sollen nur stellenweise leicht bräunen. Auf einer Platte anrichten und mit dem warmen Pilzdressing überziehen. Nach Belieben noch mit etwas Trüffelöl beträufeln und mit frischer Petersilie – ganz oder grob zerzupft – bestreuen.

Das Pilzdressing schmeckt ebenfalls vorzüglich auf gegrilltem Gemüse, Hähnchen oder Steaks. Getrocknete Steinpilze machen sich im Übrigen auch gut in Pilzsuppen und Saucen, denen sie ein vollmundiges Aroma verleihen.

Kürbissuppe mit Zitronengras

Ohne Übertreibung ist dies eine der besten Kürbissuppen, die ich je gegessen habe. Sie ist außerordentlich schmackhaft, und sie lässt sich mit links zubereiten. Man muss sich lediglich einige Zutaten im Asialaden besorgen.

FÜR 2 PERSONEN

1 Zwiebel, fein gewürfelt

1 Stängel Zitronengras, in 3 Stücke geschnitten

1 große rote Chilischote, entkernt und gehackt

2 EL gehacktes frisches Koriandergrün

2 cm frische Kurkuma

2 cm frischer Galgant

4 Kaffirlimettenblätter, nach Belieben

2 TL Kokosöl

350 g Kürbisfruchtfleisch, gewürfelt

1 große Knoblauchzehe, gehackt

Schalenstreifen von ½ Limette

2 EL Fischsauce

1 l Gemüsebrühe

100 ml Kokoscreme

2 EL Limettensaft

Kokoscreme, frische Korianderblätter und Chiliringe zum Garnieren

Zwiebel, Zitronengras, Chili, Koriander, Kurkuma, Galgant und Kaffirlimettenblätter im Kokosöl auf mittlerer Stufe unter Rühren 2–3 Minuten braten. Kürbis, Knoblauch, Limettenschale, Fischsauce und Gemüsebrühe dazugeben. Einmal aufkochen und dann bei reduzierter Temperatur zugedeckt 15 Minuten köcheln lassen, bis sich die Kürbiswürfel mit einem Messer mühelos einstechen lassen.

Kurkuma, Galgant, Limettenschale, Kaffirlimettenblätter und Zitronengras aus dem Topf nehmen und wegwerfen. Den restlichen Inhalt des Topfs – nach Bedarf in mehreren Portionen – im Mixer glatt pürieren. Zuletzt die Kokoscreme und den Limettensaft zufügen und nochmals kurz aufmixen. Die Suppe vor dem Servieren mit etwas Kokoscreme, frischen Korianderblättern und Chiliringen garnieren.

Falls Sie Kurkuma und Galgant nicht frisch bekommen, können sie durch je ⅔ TL des gemahlenen Gewürzes ersetzt werden. Ideale Kürbissorten sind für diese Suppe Hokkaido, Kabocha oder Butternut; mit Süßkartoffeln und Karotten gelingt die Suppe ebenfalls gut. Anstelle von Kokoscreme tut es auch Kokosmilch. In dem Fall die Dose vor der Verwendung für etwa 1 Stunde kalt stellen, sodass sich oben eine feste Schicht bildet und diese verwenden.

Krautsalat mit geräucherter Hähnchenbrust

Elemente des im angelsächsischen Raum beliebten »Coleslaw« wie auch des ukrainischen »Dnestr«, der mit einer leicht geräucherten lokalen Wurstspezialität und Erbsen aus der Dose zubereitet wird, treffen in diesem Salat aufeinander. Er schmeckt immer, auch zu einem Picknick oder Barbecue, und lässt sich – ebenfalls erfreulich! – einige Tage im Kühlschrank aufbewahren.

FÜR 6 PERSONEN

Für den Salat

½ kleiner Weißkohl, in feine Streifen geschnitten

2 mittelgroße Karotten, geschält, grob geraspelt

2 geräucherte Hähnchenbrüste, in feine Streifen geschnitten

75 g enthülste Erbsen, frisch oder tiefgekühlte aufgetaut

1 kleine rote Zwiebel, in Streifen geschnitten

2 EL fein gezupfter frischer Dill

Für das Dressing

4 EL Mayonnaise

1 EL Olivenöl extra vergine

3 EL Weißweinessig

⅔ TL Meersalz

⅔ TL schwarzer Pfeffer aus der Mühle

In einer großen Schüssel Kohl, Karottenraspel, Hähnchenfleisch, Zwiebel, Erbsen und Dill vermischen.

Die Zutaten für das Dressing mit einem Schneebesen in einer separaten Schüssel gründlich verrühren. Den Salat 10 Minuten vor dem Servieren mit dem Dressing mischen – während dieser kurzen Ruhezeit gibt der Kohl etwas von seinem aromatischen Saft ab.

> Als Ersatz für die geräucherte Hähnchenbrust bieten sich guter Kochschinken oder gekochtes Hähnchenfleisch an. Wählen Sie möglichst eine Mayonnaise auf der Basis von Oliven- oder Macadamiaöl (siehe Rezept Seite 193). Wichtig: Falls Sie den Krautsalat als Vorrat für ein schnelles Mittag- oder Abendessen im Kühlschrank lagern wollen, mischen Sie das Dressing erst kurz vor dem Servieren unter. So schmeckt der Salat auch nach ein paar Tagen noch frisch und knackig.

Grünkohl-Avocado-Gazpacho

*Eine kleine Detox-Kur gefällig? Nach dem Prinzip der traditionellen Gazpacho entsteht hier eine
frische grüne Suppe voller Antioxidantien und gesunder Fette.*

FÜR 2–3 PERSONEN

7–8 Grünkohlblätter, gewaschen

1 Stange Sellerie mit Grün

2 Limetten

200 ml Wasser

2 Frühlingszwiebeln, gewürfelt

1 Knoblauchzehe, gehackt

¼ Salatgurke, geschält und gewürfelt

3 EL Olivenöl extra vergine

1 Avocado, Fruchtfleisch gewürfelt

Meersalz, schwarzer Pfeffer
aus der Mühle

1 Handvoll Petersilien- und/oder
Basilikumblätter, zusätzlich Basilikum
zum Garnieren

Grünkohl und Sellerie entsaften; es sollte etwa 125 ml Saft
ergeben. Von einer Limette so viel Schale fein abreiben,
dass es etwa 1 TL ergibt; dann beide Limetten auspressen.

Den Limettensaft zusammen mit dem Gemüsesaft und
den übrigen Zutaten einschließlich Petersilie und/oder
Basilikum im Mixer glatt pürieren. Mindestens 10 Minuten,
besser länger kühl stellen. Zum Servieren in kleine Schalen
oder gekühlte Gläser füllen. Mit der abgeriebenen Limettenschale, Basilikumblättern und etwas grob gemahlenem
schwarzem Pfeffer bestreuen.

Gazpacho mit gerösteter Paprika

FÜR 2 PERSONEN

2 rote Paprikaschoten

1 TL Kokosöl

4 mittelgroße Tomaten

2 Knoblauchzehen, gehackt

½ rote Zwiebel, fein gewürfelt

1 Salatgurke, geschält, gewürfelt

160 ml Olivenöl extra vergine

375 ml Wasser

Saft von ½ Zitrone

1 TL Balsamicoessig

Meersalz, Pfeffer aus der Mühle

Den Backofen auf 200 Grad vorheizen. Die Paprika mit
Kokosöl einreiben und auf ein mit Alufolie oder Backpapier
ausgelegtes Blech geben. Etwa 50 Minuten im Ofen rösten,
dabei nach 25 Minuten wenden, bis sie weich und ange-
kohlt sind.

Inzwischen in einem Topf reichlich Wasser aufkochen.
Die Tomaten darin 30 Sekunden blanchieren, danach
sogleich kalt abbrausen. Häuten, nach Belieben entkernen
und grob hacken.

Die Paprika auf einem Teller abkühlen lassen. Enthäuten,
entkernen und grob zerkleinern. Alle Zutaten im Mixer
glatt pürieren. Zu dieser Suppe passen als Beigabe vorzüglich Chorizo oder Garnelen vom Grill.

Dreierlei Pürees

Ich bin mit Kartoffelpüree aufgewachsen: Meine Großmutter tischte es oft zu ihren sagenhaften Fleischbällchen auf. Genießen Sie diese Paleo-freundlichen Pürees als Beilage zu Braten oder gegrilltem Fisch. Die folgenden Rezepte ergeben jeweils etwa 750 ml Püree.

SÜSSKARTOFFEL-SPECK-PÜREE

1 große Süßkartoffel, geschält und gewürfelt

2 Scheiben Frühstücksspeck (Bacon), gewürfelt

1–2 EL Ghee oder Butter

60 ml Mandelmilch

⅔ TL Meersalz

½ TL schwarzer Pfeffer aus der Mühle

½ TL Dijonsenf

1 EL geriebener Parmesan, nach Belieben

Die Süßkartoffel in einem Topf mit Wasser bedeckt zum Kochen bringen und 10–15 Minuten garen, bis sie sich mit einem Messer leicht einstechen lässt. Abgießen und beiseitestellen.

Inzwischen den Speck in etwas Ghee knusprig braten; aus der Pfanne nehmen und beiseitestellen. Das ausgebratene Speckfett aus der Pfanne, das restliche Ghee, Mandelmilch, Salz, Pfeffer und Senf zur Süßkartoffel geben. Alles zu einem glatten, feinen Püree verarbeiten. Nach Belieben etwas Parmesan unter das Püree mischen. Zuletzt den gebratenen Speck beifügen, einen Teil darunterziehen, einen Teil über das Püree streuen.

BROKKOLI-RICOTTA-PÜREE

1 mittelgroße Kartoffel, geschält, gewürfelt

1 kleiner Brokkoli, in Röschen zerteilt

2 EL Ricotta-Käse

abgeriebene Schale von 1 unbehandelten Zitrone

1 EL Zitronensaft

½ TL Meersalz

schwarzer Pfeffer aus der Mühle

1 EL Olivenöl

frische Petersilie oder Minze zum Servieren

Die Kartoffel in kaltem Wasser aufsetzen, zum Kochen bringen und 10 Minuten garen. Die Brokkoliröschen dazugeben und weitere 5 Minuten kochen lassen, bis alles weich ist. Abgießen. Kartoffel und Brokkoli mit Ricotta, abgeriebener Zitronenschale, Zitronensaft, Salz, einer Prise Pfeffer und dem Olivenöl zu einem feinen, glatten Püree verarbeiten. Mit frischer Petersilie oder Minze garnieren.

BROKKOLI

SÜSS-
KARTOFFEL

Blumenkohl

BLUMENKOHLPÜREE MIT SALBEIBUTTER

½ Blumenkohl, in Röschen zerteilt

50 g Butter

1 Handvoll frische Salbeiblätter

2 Knoblauchzehen, in Scheiben geschnitten

125 ml Mandelmilch oder Gemüsebrühe

Meersalz, Pfeffer aus der Mühle

Rauchige Austernpilze (siehe Seite 166) zum Servieren

In einem mittelgroßen Topf Wasser aufkochen. Den Blumenkohl darin 15 Minuten sehr weich garen. Abseihen und in den Mixer oder Blitzhacker füllen.

Die Butter auf mittlerer Stufe schmelzen. Salbeiblätter und Knoblauch mit einer Prise Salz darin braten, bis die Butter aufschäumt und bräunt und die Salbeiblätter knusprig sind. Die Salbeiblätter herausnehmen. Die Butter mit dem Knoblauch zum Blumenkohl geben; Mandelmilch oder Gemüsebrühe hinzugießen und alles zu einem glatten Püree verarbeiten. Mit Salz und Pfeffer abschmecken. Mit den Salbeiblättern und Rauchigen Austernpilzen garniert servieren.

Gebackene Pastinaken mit Salbei

FÜR 2 PERSONEN

10 kleine Pastinaken, geschält, längs halbiert, größere geviertelt

3 EL Ghee, geschmolzen

15 frische Salbeiblätter

Schalenstreifen von 1 unbehandelten Zitrone

2 EL Zitronensaft

3 Knoblauchzehen

Meersalz und etwas Zitronensaft zum Servieren

Den Backofen auf 180 Grad vorheizen.

Die Pastinaken im flüssigen Ghee wenden, bis sie gleichmäßig damit überzogen sind. Auf einem Backblech verteilen und im Ofen 10 Minuten garen. Salbeiblätter, Zitronenschale, Zitronensaft und Knoblauch untermischen und die Pastinaken weitere 15 Minuten backen, bis sie zart gebräunt sind. Vor dem Servieren leicht salzen und mit etwas Zitronensaft beträufeln.

Blumenkohlsteaks mit gedünstetem Radicchio

FÜR 2 PERSONEN

Für den Blumenkohl
1 TL Kokosöl
1 mittelgroßer Blumenkohl, längs
in 1–2 cm dicke Scheiben geschnitten
Meersalz, schwarzer Pfeffer
aus der Mühle

Für den Radicchio
1 EL Ghee
3–4 Schalotten, in Scheiben
geschnitten
2 Knoblauchzehen, gehackt
⅔ TL Meersalz
½ TL schwarzer Pfeffer
aus der Mühle
2 EL Verjus (siehe Kasten Seite 36)
oder 1 EL Weißweinessig
40 g Radicchio, in feine Streifen
geschnitten
1 Handvoll Brunnenkresse
oder Babyspinat
1 EL Olivenöl extra vergine
1 Spritzer Zitronensaft

Den Backofen auf 200 Grad vorheizen. In einer Pfanne das Kokosöl stark erhitzen. Die Blumenkohlscheiben darin von beiden Seiten jeweils 2 Minuten goldbraun braten. Mit Salz und Pfeffer bestreuen, auf ein Backblech geben und 15 Minuten im Ofen fertig garen.

Inzwischen in einer Pfanne das Ghee erhitzen. Die Schalotten auf mittlerer Stufe 5 Minuten unter häufigem Rühren braten. Knoblauch, Salz, Pfeffer und Verjus oder Essig untermischen und weitere 2–3 Minuten garen. Den Radicchio dazugeben, mischen und 1–2 Minuten dünsten, bis er leicht zusammengefallen ist.

Die Blumenkohlsteaks mit dem gedünsteten Radicchio und nach Belieben etwas Brunnenkresse oder Spinat anrichten; mit Olivenöl und Zitronensaft beträufeln.

Übrig gebliebene Blumenkohlröschen können Sie nach dem Rezept auf Seite 164 zu einer gerösteten Knabberei verarbeiten oder durch einen Backteig ziehen und knusprig frittieren.

Zucchini-Carbonara

Die samtige Cremigkeit von Spaghetti Carbonara kommt nicht durch Rahm zustande,
sondern durch die Eier, die, nur leicht gegart, zusammen mit etwas geschmolzenem Parmesan
die Nudeln umhüllen. Das klappt auch hervorragend mit Zucchini.

FÜR 2 PERSONEN

1 TL Ghee oder Macadamiaöl
4 Scheiben Speck (Bacon), gewürfelt
1 Knoblauchzehe, fein gewürfelt
1 EL Olivenöl extra vergine
4 Zucchini, in lange, schmale Streifen
geschnitten
1 TL abgeriebene Schale
einer unbehandelten Zitrone
½ TL Meersalz
⅔ TL schwarzer Pfeffer
aus der Mühle
2 Eier
2 EL geriebener Parmesan

Das Ghee oder Öl in einer Pfanne stark erhitzen. Den Speck darin knusprig braten.

Die Hitze auf mittlere Stufe zurückschalten. Knoblauch und Olivenöl dazugeben und 2–3 Minuten braten. Dann Zucchini, abgeriebene Zitronenschale, Salz und Pfeffer hinzufügen, mischen und nur gerade etwa 1 Minute garen. Nun die Eier unterziehen, bis die Zucchini gleichmäßig damit überzogen sind und das Ei nach 1–2 Minuten leicht stockt – es soll aber cremig bleiben. Die Zucchini auf keinen Fall zu lange garen; sie sollen ihren Biss behalten. Die Pfanne vom Herd nehmen und den Parmesan unterziehen.

Wer Milchprodukte meidet, kann den Parmesan durch 2–3 EL Nährhefeflocken ersetzen.

Asiatischer Gurken-Sesam-Salat

FÜR 4 PERSONEN

4–5 Shiitakepilze, in Streifen
geschnitten
1 TL Ghee
4 kleine, kernlose Salatgurken,
in lange, dünne Bänder oder Streifen
gehobelt
2 EL weißer oder schwarzer Sesam

Für das Dressing
1 TL Sesamöl
2 EL Olivenöl extra vergine
1 TL Fischsauce
2 EL Limettensaft
1 EL Coconut Aminos (siehe Kasten)

Die Shiitakepilze in einer Pfanne im Ghee auf mittlerer Stufe 3–4 Minuten braten, bis sie gleichmäßig zart gebräunt sind. Die Pilze zusammen mit den Gurkenbändern oder -streifen in eine Salatschüssel geben.

Den Sesam nach Belieben leicht rösten. Die Zutaten für das Dressing verrühren und unter den Salat mischen. Den Sesam darüberstreuen und nochmals kurz untermischen.

> Coconut Aminos ist der Paleo-konforme Ersatz für Sojasauce. Die sojafreie fermentierte Würzsauce wird aus dem Blütensaft der Kokospalme gewonnen, ist äußerst reich an Aminosäuren, Mineralien, Vitamin C und B, hat einen fast neutralen pH-Wert und einen viel geringeren Salzgehalt als Sojasauce. Als Ersatz kann man auf Tamari (glutenfreie Sojasauce), verrührt mit etwas Honig oder Palmzucker, zurückgreifen. Erhältlich im Online-Naturkosthandel.

Herzhafte Schwarzkohlpfanne

Schwarzkohl, den manche auch außerhalb seiner italienischen Heimat
unter dem Namen »Cavolo nero« kennen, sollten Sie unbedingt in Ihr Zutatenrepertoire
aufnehmen. Eng mit dem Grünkohl verwandt, hat er ähnlich krause, jedoch dunklere und schlanke
Blätter; der Geschmack ist mild. Er macht sich exzellent in Suppen und Salaten, aber ich liebe ihn
besonders als pfannengerührtes Gemüse in Kombination mit kräftigen Aromen.

FÜR 2 PERSONEN

2 Knoblauchzehen, grob gewürfelt

30 g Macadamianüsse

8–10 sonnengetrocknete Tomaten, grob gewürfelt

1 EL abgeriebene Schale einer unbehandelten Zitrone

4 EL Olivenöl extra vergine

8 Schwarzkohlblätter, in kleine Vierecke geschnitten

125 ml Verjus (siehe Kasten Seite 36) oder trockener Weißwein

⅔ TL Meersalz

schwarzer Pfeffer aus der Mühle

1 EL Butter oder Ghee

Saft von ¼ Zitrone

Knoblauch, Macadamianüsse, getrocknete Tomaten, abgeriebene Zitronenschale und 2 EL Olivenöl im Blitzhacker oder Mixer zu einer krümeligen Mischung verarbeiten.

In einer großen Pfanne 2 EL Olivenöl erhitzen. Die Nussmischung darin unter Rühren 3–4 Minuten braten, bis sie aromatisch duftet und der Knoblauch leicht gebräunt ist. Den Kohl und den Verjus hinzufügen und auf mittlerer Stufe 5 Minuten braten, dabei häufig rühren. Salz, eine Prise Pfeffer und die Butter oder das Ghee untermischen und das Gemüse weitere 5 Minuten garen. Vor dem Servieren mit etwas Zitronensaft beträufeln.

Dieses Gemüse schmeckt gut als Beilage zu Eiern ebenso wie zu Fisch oder Fleisch. Schwarzkohl lässt sich, genau wie der verwandte Grünkohl, auch zu Chips verarbeiten (siehe Seite 162) oder entsaften und in grüne Power-Smoothies mixen.

Ratatouille-Torte

Lange bevor sie durch eine gewisse Ratte der Pixar-Studios endgültig höchste kulinarische Weihen erfuhr, gab es bei uns zu Hause regelmäßig eine herzhafte Ratatouille. Hier stelle ich meine megastarke Version vor: noch mehr gesundes Gemüse und Geschmack als ohnehin schon – in Gestalt einer imposanten Torte.

FÜR 8 PERSONEN

3 große Auberginen, längs
in 1 cm dicke Scheiben geschnitten
4 EL Olivenöl extra vergine
2 große Zucchini, längs in ½ cm
dicke Scheiben geschnitten
2 rote Paprikaschoten,
in lange Streifen geschnitten
Meersalz
3–4 EL Tomatenmark
1 Bund Thymian, Blättchen abgezupft
2 Knoblauchzehen, fein gewürfelt
schwarzer Pfeffer aus der Mühle
Thymianzweige zum Garnieren

Es ist ratsam, Auberginen nach dem Aufschneiden zu salzen und etwa 15 Minuten ziehen zu lassen. Danach abspülen und vor der weiteren Verarbeitung trocken tupfen. Im Kühlschrank hält sich die Ratatouille-Torte 3–4 Tage.

Die Auberginenscheiben mit Olivenöl bestreichen. Auf dem heißen Grill oder in der Grillpfanne zugedeckt auf jeder Seite 2–3 Minuten garen, bis sie weich sind und ein schönes Grillmuster aufweisen. Die Zucchinischeiben und Paprikastreifen unter Zugabe von einigen Prisen Salz im restlichen Öl wenden; ebenfalls von beiden Seiten jeweils einige Minuten grillen.

Den Backofen auf 200 Grad vorheizen. Eine Springform von 20 cm Durchmesser mit Alufolie (damit kein Saft austreten kann) und dann mit Backpapier auskleiden. Den Boden der Form leicht überlappend mit Auberginenscheiben bedecken, mit Tomatenmark bestreichen, mit Thymian, Knoblauch und etwas Pfeffer bestreuen. Auf dieselbe Art ein, zwei weitere Auberginenlagen einfüllen. Dann folgen eine Lage Zucchini – diese wieder mit Thymian und Knoblauch bestreuen –, anschließend mit Paprikastreifen möglichst vollständig bedecken, den Rest des Tomatenmarks, Thymians und Knoblauchs sowie etwas Pfeffer darauf verteilen und mit einer weiteren Lage Auberginen abschließen. Das Ganze gut zusammendrücken. Den Auflauf im Ofen 20 Minuten backen.

Aus dem Ofen nehmen und etwa 1 Stunde auf Raumtemperatur abkühlen lassen. Eine Servierplatte umgedreht auf die Form legen und die Torte mit einem beherzten Schwung wenden. Die Form, die Folie und das Papier abnehmen. Die Torte gibt zwar noch etwas Saft ab, aber sie bleibt in Form – auch beim Aufschneiden. Vor dem Servieren mit einigen Thymianzweigen garnieren. Die Torte kann aber auch direkt aus dem Ofen heiß serviert werden.

Gebratener Rosenkohl mit Balsamicodressing

FÜR 4 PERSONEN

500 g Rosenkohl, halbiert

150 g Südtiroler Speck oder
Rohschinken, in Streifen geschnitten

1–2 EL Macadamia- oder Kokosöl

2 EL Olivenöl extra vergine

1 EL Crema di Balsamico
oder Vincotto

½ TL scharfer Senf

Saft von ½ Limette

½ TL geriebener Knoblauch

1 TL Meersalz

½ TL schwarzer Pfeffer
aus der Mühle

10 Kirschtomaten, halbiert
oder geviertelt

Den Backofen auf 200 Grad vorheizen. Rosenkohl und Speck im Macadamia- oder Kokosöl wenden. Auf einem Backblech verteilen und im Ofen 30 Minuten knusprig braun braten; nach der Hälfte der Zeit wenden.

Olivenöl, Balsamico, Senf, Limettensaft, Knoblauch, Salz und Pfeffer gründlich verquirlen. Rosenkohl, Speck und Tomaten in eine Salatschüssel geben und das Dressing untermischen.

> Südtiroler Speck ist ein mild geräucherter Rohschinken; ersatzweise können Sie hier auch den fetteren Frühstücks-speck (Bacon) verwenden. Vincotto ist ein natursüßer, zu sirupartiger Konsistenz eingekochter Traubenmost, geschmacklich ähnlich wie Crema di Balsamico, aber weniger sauer. Ersatzweise können Sie auch etwas herkömmlichen Balsamicoessig mit ein wenig Honig vermischen.

Rosenkohl mit Cranberrys

FÜR 2 PERSONEN

2 EL Macadamiaöl oder Ghee

1 mittelgroße Zwiebel,
in feine Scheiben geschnitten

15–20 Rosenkohlröschen

2 Knoblauchzehen, fein gewürfelt

⅔ TL Salz

1 TL Ghee oder Butter

Pfeffer aus der Mühle

1 TL Balsamicoessig

30 g getrocknete Cranberrys

Das Öl oder Ghee in einer Pfanne erhitzen. Die Zwiebel darin glasig dünsten.

Inzwischen vom Rosenkohl die Strünke großzügig weg-schneiden; die Röschen längs halbieren, dann quer in feine Scheiben schneiden. Den Rosenkohl zusammen mit Knob-lauch, Salz und Ghee oder Butter zur Zwiebel geben. Unter gelegentlichem Rühren 2–3 Minuten braten. Eine kräftige Prise Pfeffer, Balsamico und Cranberrys untermischen. Alles zusammen unter häufigem Rühren noch 2–3 Minuten garen.

Blumenkohl-Couscous

Zu einer herzhaften Fleisch- oder Fisch-Tajine oder zu würzigen Lammkoteletts auf marokkanische Art serviere ich gern diesen Blumenkohl-»Couscous«. Er ist wirklich schnell und unkompliziert zubereitet. Wichtig ist nur, den Blumenkohl nicht zu lange zu garen, da er sonst seinen Biss verliert. Die Gewürzkombination lässt sich nach Geschmack abwandeln.

FÜR 3–4 PERSONEN

1 Blumenkohl, in Röschen zerteilt

2 EL Ghee

1 Zwiebel, fein gewürfelt

60 g Pistazienkerne

2 Knoblauchzehen, fein gewürfelt

abgeriebene Schale von

1 kleinen unbehandelten Zitrone

1 TL Meersalz

½ TL schwarzer Pfeffer
aus der Mühle

⅔ TL gemahlene Kurkuma

⅔ TL Currypulver

Saft von ½ Zitrone

3 EL Olivenöl extra vergine

1 Handvoll frische Petersilie, gehackt

150 g Granatapfelkerne

einige Pistazienkerne zum Bestreuen

Die Blumenkohlröschen im Blitzhacker zu feinen Krümeln zerkleinern (das geht auch mit einem großen Messer von Hand, wird dann allerdings nicht ganz so fein). Beiseitestellen.

In einer großen Pfanne 1 EL Ghee auf mittlerer Stufe erhitzen. Die Zwiebelwürfel darin 7–8 Minuten weich dünsten. Inzwischen die Pistazienkerne im Blitzhacker oder im Mörser ebenfalls zu feinen Krümeln zerkleinern.

Gehackte Pistazien, Knoblauch, abgeriebene Zitronenschale und 1 EL Ghee in die Pfanne geben und unter ständigem Rühren 1–2 Minuten anbraten. Salz, Pfeffer, Kurkuma und Currypulver zugeben und 1 Minute gut untermischen. Nun den Blumenkohl sehr gründlich darunterziehen und das Ganze noch 1–2 Minuten weiter braten. Mit Zitronensaft und Olivenöl beträufeln, Petersilie und Granatapfelkerne untermischen. Vor dem Servieren mit einigen halbierten Pistazienkernen bestreuen.

> Die Granatapfelkerne lassen sich durch getrocknete Früchte wie gehackte Aprikosen oder Feigen oder auch Cranberrys ersetzen. Anstelle von Pistazien eignen sich genauso andere Nüsse oder Samenkerne.

Dukkah-gewürzte
gebackene Kürbisspalten

Kürbis und die nussige Dukkah-Würzmischung passen wunderbar zusammen.
In diesem Rezept werden sie auf ganz schnelle und einfache Art kombiniert, doch ebenso könnten
Sie die eingefetteten Kürbisspalten bereits vor dem Backen mit Dukkah »panieren«. Die sonnen-
getrockneten Tomaten steuern eine zarte Säure, Kürbiskerne einen feinen Knuspereffekt bei.
Mein Tipp: Gleich etwas mehr davon machen für die Lunchbox für den nächsten Tag.

FÜR 3 PERSONEN

½ kleiner Kabocha- oder Hokkaido-
Kürbis, geschält und Kerne entfernt

1 EL Kokosöl, alternativ Ghee oder
Macadamiaöl

2 EL Dukkah-Würzmischung

⅔ TL Meersalz

5–6 sonnengetrocknete Tomaten,
in Streifen geschnitten

1 EL Kürbiskerne

Den Backofen auf 200 Grad vorheizen. Den Kürbis in
1 cm dicke Spalten schneiden. Das Kokosöl schmelzen.
Die Kürbisspalten darin wenden, bis sie gleichmäßig damit
überzogen sind. Auf ein Backblech legen und im Ofen
25–30 Minuten garen, bis sie schön weich sind. Vor dem
Servieren mit Dukkah-Würzmischung, Salz, Tomaten-
streifchen und Kürbiskernen bestreuen.

Die orientalische Dukkah-Würzmischung finden Sie fertig
im gut sortierten Gewürzhandel, aber Sie können sie
auch selbst herstellen. Hier ein Rezept: 75 g Nüsse oder
Kerne (Pinienkerne, Cashews, Haselnüsse), 75 g Sesamsamen, 2 EL Koriandersamen, 2 EL Kreuzkümmelsamen,
jeweils getrennt trocken rösten, abkühlen lassen, dann
mit 2 EL Pfeffer aus der Mühle und 1 TL grobem Meersalz
im Mörser oder Blitzhacker fein mahlen.
Werfen Sie die ausgelösten Kürbiskerne nicht weg.
Sie ergeben einen wunderbaren Snack, besser als Chips!
Einfach 40–45 Minuten im Ofen rösten,
bis sie knusprig sind, und mit etwas Meersalz
vermischen.

Salat mit Nektarinen und Wachteleiern

Wachteleier und frische, süße Nektarinen verwandeln einen simplen Blattsalat in einen echten Augenschmaus. Entsprechend groß sind auch die Gaumenfreuden.

FÜR 2 PERSONEN

10 Wachteleier

Für das Dressing
5 EL Olivenöl extra vergine
2 EL Weißweinessig
Salz, schwarzer Pfeffer aus der Mühle
⅔ TL Dijonsenf
10 Basilikumblätter

Für den Salat
50 g Rucola, gewaschen und verlesen
½ rote Paprikaschote, in schmale Streifen geschnitten
10 Kirschtomaten, halbiert
½ rote Zwiebel, in feine Streifen geschnitten
1–2 Nektarinen, in schmale Spalten geschnitten
Meersalz
1 TL schwarzer Sesam
ganze Basilikumblätter zum Garnieren

Die Wachteleier ½ Stunde vor der Zubereitung aus dem Kühlschrank nehmen. In einem Topf Wasser aufkochen. Die Eier behutsam hineingeben und 5 Minuten garen. Kalt abschrecken, schälen und längs halbieren.

Öl, Essig, Salz, Pfeffer, Senf und Basilikumblätter im Blitzhacker oder mit dem Mixstab zu einem Dressing verarbeiten.

Rucola, Paprikastreifen, Tomatenhälften und Zwiebeln mischen und auf einer Servierplatte oder auf Tellern verteilen. Darauf die Eihälften und Nektarinenspalten anrichten. Den Salat mit dem Basilikumdressing beträufeln, mit etwas Meersalz und Sesamsamen bestreuen. Vor dem Servieren mit einigen ganzen Basilikumblättern garnieren.

Statt des schwarzen kann auch weißer Sesam verwendet werden, der schwarze sieht aber interessanter aus. Anstelle der Nektarinen bieten sich Pfirsiche an und als Alternative zu den Wachteleiern kleine Hühnereier aus Freilandhaltung.

Salat mit rosa Grapefruit, Fenchel und Avocado

Knackig, säuerlich frisch und äußerst aromaintensiv, peppt dieser Salat jedes Winteressen auf und kühlt an heißen Sommertagen Leib und Seele. Mit diesem dekorativen Gericht verwöhne ich übrigens auch gern Gäste. Der Salat passt exzellent zu Lammkoteletts.

FÜR 2 PERSONEN

1 unbehandelte rosa Grapefruit

½ Fenchelknolle, in feine Scheiben gehobelt, schönes Grün beiseitegelegt

1 Avocado, Fruchtfleisch in feine Spalten geschnitten

¼ rote Zwiebel, in feine Streifen geschnitten

175 g grüner Salat, mundgerecht zerpflückt

zum Garnieren einige Minzblätter und etwas Fenchelgrün

Für das Dressing

1 TL fein abgeriebene Grapefruitschale

1 TL fein abgeriebene Schale einer unbehandelten Zitrone

2 EL Zitronensaft

2 EL Olivenöl extra vergine

1 TL Mayonnaise

⅔ TL Naturhonig oder Ahornsirup

Meersalz, Pfeffer aus der Mühle

Von der Grapefruit so viel Schale fein abreiben, dass es etwa 1 TL ergibt. Anschließend von der Frucht an beiden Enden die Kappe abschneiden. Die Grapefruit auf ein Schneidebrett setzen und die Schale samt der bitteren weißen Innenhaut von oben nach unten in Streifen sorgfältig abschneiden. Die Grapefruit in eine Hand nehmen und – um den abtropfenden Saft aufzufangen – über einer Schüssel die Fruchtsegmente zwischen den Trennhäuten säuberlich herausschneiden. Sämtliche Zutaten zum Dressing zum Grapefruitsaft in der Schüssel geben und alles gründlich verquirlen.

Grapefruitfilets, Fenchelscheiben, Avocadospalten, Zwiebelstreifen und Salat mit dem Dressing mischen und anrichten. Den Salat mit Minzblättern und etwas Fenchelgrün garnieren.

Süßkartoffel mit brauner Butter, Salbei und Speck

Auf braune Butter bin ich ganz versessen. Wer Milchprodukte meidet, kann hier auch Ghee verwenden, also geklärte Butter, die zu 95 Prozent aus Fett besteht und praktisch kein Milcheiweiß mehr enthält. Ebenso könnte man auf Olivenöl ausweichen, doch dann entgeht einem das betörend nussige Aroma der braunen Butter.

FÜR 2 PERSONEN

1 mittelgroße Süßkartoffel, längs halbiert

2 EL Olivenöl extra vergine

4–6 Scheiben Pancetta (italienischer Bauchspeck)

2 EL Butter oder Ghee

2 Knoblauchzehen, in Scheiben geschnitten

20–25 frische Salbeiblätter

⅔ TL Meersalz

½ TL schwarzer Pfeffer aus der Mühle

1 Prise gemahlene Muskatnuss

Den Backofen auf 200 Grad vorheizen. Die Süßkartoffelhälften mit der Schalenseite nach unten auf ein mit Backpapier ausgelegtes Blech legen. Im Ofen 35–40 Minuten garen, bis das Fruchtfleisch ganz weich und die Schale gebräunt ist.

Inzwischen in einer Pfanne 1 EL Olivenöl erhitzen. Die Speckscheiben von beiden Seiten einige Minuten knusprig braten. Aus der Pfanne heben und auf einem Teller beiseitestellen.

5 Minuten vor Ende der Garzeit der Süßkartoffeln die Pfanne mit dem noch darin befindlichen Fett auf mittlerer Stufe erneut aufsetzen. Noch 1 EL Olivenöl sowie 2 EL Butter hineingeben und erhitzen. Sobald die Butter geschmolzen ist, die Knoblauchscheiben und die Salbeiblätter mit Salz, Pfeffer und Muskatnuss hinzufügen, mischen und 3–5 Minuten erhitzen, bis die Butter aufschäumt, die Knoblauchscheiben leicht gebräunt und die Salbeiblätter knusprig sind.

Die Butter samt Knoblauch und Salbeiblättern über die Süßkartoffelhälften verteilen und zusammen mit dem knusprigen Speck servieren.

Marokkanischer Auberginensalat

Auberginen zählen zu meinen Lieblingsgemüsesorten. Ich mag ihren rauchigen,
fast schon fleischigen Geschmack und die samtig weiche Konsistenz, die sie beim Braten
gewinnen. Besonders gut harmonieren sie mit orientalischen Gewürzen, Knoblauch und Zitrone,
die allesamt in diesem Rezept mitmischen.

FÜR 4–6 PERSONEN

2 große Auberginen
2 TL Meersalz
2–3 EL Kokosöl
1 EL Ghee
1 EL Olivenöl extra vergine
1 rote Paprikaschote, entkernt, in Streifen geschnitten
2 Knoblauchzehen, grob gewürfelt
1 TL gemahlener Kreuzkümmel
½ TL gemahlener Koriander
½ TL Chilipulver oder Chiliflocken
abgeriebene Schale von ½ unbehandelten Zitrone
4 Eiertomaten, geviertelt, entkernt, gewürfelt
1 rote Zwiebel, in feine Streifen geschnitten
Saft von 1 Zitrone
etwas Olivenöl
1 Handvoll frische Petersilie, gehackt

Die Auberginen quer in etwa 1 cm dicke Scheiben schneiden. Großzügig mit Salz bestreuen und 10 Minuten ziehen lassen, um sie zu entwässern – dadurch nehmen sie später beim Braten weniger Öl auf. Mit kaltem Wasser abspülen und mit Küchenpapier trocken tupfen.

In einer großen Pfanne 2 EL Kokosöl und 1 EL Ghee stark erhitzen – es muss wirklich sehr heiß sein, damit sich die Auberginen beim anschließenden Braten nicht mit Fett vollsaugen. Die Auberginen portionsweise von beiden Seiten je 2–3 Minuten goldbraun braten (auf keinen Fall schwarz werden lassen, sonst schmecken sie bitter); in eine Salatschüssel geben. Während des Bratens nach Bedarf etwas mehr Kokosöl in die Pfanne geben.

Die Temperatur reduzieren und in derselben Pfanne 1 EL Olivenöl erhitzen. Die Paprikastreifen darin einige Minuten unter häufigem Rühren anbraten. Knoblauch, Kreuzkümmel, Koriander, Chili und abgeriebene Zitronenschale untermischen. Die Paprikastreifen weitere 1–2 Minuten braten, danach in die Schüssel zu den Auberginen geben. Tomaten und Zwiebel ebenfalls hinzufügen. Den Salat mit Zitronensaft und Olivenöl beträufeln, mit der Petersilie bestreuen und durchmischen. Nach Belieben noch mit etwas Meersalz abschmecken.

> Die Auberginen müssen gut durchgebraten sein. Denn nur so verleihen sie dem Salat den typischen, vollmundigen Geschmack mit der leichten Räuchernote. Ein toller Begleiter zu gegrilltem Hähnchen oder Lammfleisch!

FLEISCH

Rib-Eye-Steak mit Rucola-Chimichurri

Hier ist Teilen angesagt. Aber keine Sorge, das mächtige und saftige Steak gibt genug her für zwei Personen. Chimichurri, eine ursprünglich argentinische Sauce, kann statt mit Rucola auch mit Spinat oder einem anderen dunkelgrünen Blattgemüse zubereitet werden. Reste der Sauce lassen sich in einem dicht schließenden Behälter im Kühlschrank 2–3 Tage aufbewahren.

FÜR 2 PERSONEN

1 Hochrippensteak vom Rind,
2 cm dick, 500–600 g schwer,
mit Knochen
Olivenöl
Meersalz, Pfeffer aus der Mühle
1 TL Ghee

Für die Rucola-Chimichurri
1 Handvoll Rucola, grob gehackt
1 großes Bund Petersilie, gehackt
½ große rote Chilischote, gehackt
2 Knoblauchzehen, gehackt
125 ml Olivenöl extra vergine
2 EL Weißweinessig
1 TL abgeriebene Schale
von 1 unbehandelten Zitrone
½ TL Meersalz

Das Fleisch dünn mit Olivenöl bestreichen, anschließend salzen und pfeffern. Auf einer Platte 20 Minuten Raumtemperatur annehmen lassen.

Den Backofen auf 170 Grad vorheizen und eine Platte mit erwärmen.

Eine Grillpfanne leer kräftig erhitzen, das Ghee in die heiße Pfanne geben und stark erhitzen. Das Steak 3–4 Minuten scharf und kräftig braun anbraten; mit einer Küchenzange wenden und auf der zweiten Seite ebenfalls 3–4 Minuten braten. Anschließend auf die vorgewärmte Platte geben und im Ofen 15 Minuten garen, bis es medium rare (in der Mitte noch rosa bis blutig) oder nach Wunsch auch stärker durchgegart ist. Auf einem Schneidebrett, mit Alufolie abgedeckt, 7–8 Minuten ruhen lassen.

Inzwischen alle Zutaten für die Chimichurri im Mixer oder Blitzhacker zu einer gleichmäßigen, pastenartigen Sauce verarbeiten.

Das Fleisch nach Belieben aufschneiden und mit der Chimichurri servieren.

Hähnchen auf Lauchpüree
mit Macadamiabröseln

Dies ist einer meiner Favoriten, wenn ich Gäste bewirte. Sie sind immer äußerst angetan von den Kontrasten der Aromen und Konsistenzen dieses Gerichts: Samtiges, delikat süßliches Lauchpüree trifft auf herzhaftes Hähnchenfleisch und dazu knusprige, zitronig-würzige Macadamiabrösel. Hundert Punkte!

FÜR 3 PERSONEN

Für das Hähnchen
2 Hähnchenbrustfilets
1 EL Dijonsenf
⅔ TL Meersalz
1 TL Knoblauchpulver
1 EL Olivenöl extra vergine
1 TL Kokosöl zum Braten

Für das Lauchpüree
3 EL Ghee
2 Stangen Lauch, hellerer Teil
in Scheiben geschnitten
1 Kartoffel, geschält, gewürfelt
60 ml Weißwein
1 TL Meersalz
180 ml Gemüsebrühe

Für die Macadamiabrösel
60 g Macadamianüsse
abgeriebene Schale von
1 unbehandelten Zitrone
1 Knoblauchzehe, grob zerkleinert
2 EL Macadamia- oder Olivenöl
extra vergine
½ TL Meersalz
2 EL Zitronensaft

Zum Servieren
einige frische Oreganoblättchen

Die Hähnchenbrustfilets in Scheiben schneiden. In einer Schüssel den Dijonsenf mit Meersalz, Knoblauchpulver und Olivenöl mischen. Das Hähnchenfleisch darin wenden und 20 Minuten marinieren lassen.

Für das Lauchpüree das Ghee in einem mittelgroßen Topf schmelzen. Den Lauch darin unter häufigem Rühren 10 Minuten dünsten. Kartoffelwürfel, Weißwein, Salz und Gemüsebrühe hinzufügen. Alles einmal aufkochen und dann auf mittlerer Stufe ohne Deckel etwa 15 Minuten kochen lassen, bis die Kartoffelwürfel weich sind. Den gesamten Inhalt des Topfes im Mixer oder mit dem Stabmixer glatt pürieren; anschließend zurück in den Topf füllen.

Die Macadamianüsse mit der abgeriebenen Zitronenschale und dem Knoblauch im Blitzhacker zu einer bröseligen Mischung verarbeiten. Das Öl in einer Pfanne auf mittlerer Stufe erhitzen. Die Bröselmischung hineingeben, salzen und unter häufigem Rühren 3–4 Minuten braten, bis die Brösel leicht gebräunt sind. Vom Herd nehmen und den Zitronensaft unterziehen.

Das Kokosöl in einer Pfanne rauchheiß erhitzen; die Temperatur auf die mittlere Stufe zurückschalten. Das marinierte Hähnchenfleisch ins heiße Fett geben und die Scheiben von beiden Seiten 5 Minuten braten. Vom Herd nehmen und 5 Minuten ruhen lassen. Inzwischen das Lauchpüree nochmals erhitzen.

Das Hähnchenfleisch auf dem Lauchpüree anrichten, mit Macadamiabröseln bestreuen und mit einigen Oreganoblättchen garnieren. Heiß servieren.

Hähncheneintopf mit Wildpilzen

In diesem Eintopf wird das Hähnchenfleisch so lange gegart, bis es schließlich
fast auf der Zunge zergeht, derweil die Pilze die Sauce mit ihrem vollen Aroma durchdringen.
Ein herzhafter Genuss, perfekt für ein gemütliches Familienessen.

FÜR 4 PERSONEN

30 g getrocknete Wildpilze

1 EL Ghee oder Kokosöl

1 Zwiebel, in Scheiben geschnitten

120 g Südtiroler Speck (siehe
Seite 74), Rohschinken oder Frühstücksspeck (Bacon), gewürfelt

1 Stange Sellerie, gewürfelt

2½ kleine Hähnchenbrustfilets,
gewürfelt

125 ml Weißwein

500 ml Hühnerbrühe

125 ml Einweichwasser der Pilze

3 Knoblauchzehen, gehackt

3 Lorbeerblätter

1 Prise frisch gemahlene Muskatnuss

⅔ TL Meersalz

½ TL schwarzer Pfeffer
aus der Mühle

2 mittelgroße Karotten, geschält,
in Scheiben geschnitten

6–7 braune Champignons,
in Scheiben geschnitten

1 EL Pfeilwurzmehl

1 mittelgroße Zucchini,
in Scheiben geschnitten

Zum Servieren

1 TL fein abgeriebene Schale
von 1 unbehandelten Zitrone

2 EL frische Petersilienblätter

Die Pilze mit 250 ml kochend heißem Wasser übergießen
und 10 Minuten einweichen.

In einem Topf das Ghee auf mittlerer Stufe erhitzen. Die
Zwiebel 5 Minuten andünsten. Speck und Sellerie dazugeben und weitere 3–4 Minuten braten. Das Hähnchenfleisch
hinzufügen und alles noch etwa 5 Minuten weiter anbraten,
bis das Fleisch leicht gebräunt ist.

Die Pilze abseihen, dabei das Einweichwasser auffangen
und beiseitestellen. Die Pilze zum Eintopf geben. Den
Wein zugießen und bei höherer Temperatur 1 Minute ver-
dampfen lassen. Die Hühnerbrühe und die abgemessenen
125 ml Einweichwasser der Pilze, Knoblauch, Lorbeerblätter,
Muskatnuss, Meersalz und Pfeffer einrühren. Alles zum
Köcheln bringen und zugedeckt 40 Minuten schmoren.

Nach 40 Minuten die Karotten und die Champignons in
den Eintopf geben und zugedeckt 1 weitere Stunde garen.

Das Pfeilwurzmehl in etwas Wasser oder Fond aus dem
Topf verrühren; zusammen mit der Zucchini unter den
Eintopf rühren. Ohne Deckel noch 10 Minuten köchelnd
eindicken lassen. Mit der abgeriebenen Zitronenschale
sowie frischen Petersilienblättern bestreut servieren.

Als Beigabe passt gedämpftes Gemüse wie Blumenkohl,
Brokkoli oder grüne Bohnen. Für ein Essen mit etwas
höherem Kohlenhydratanteil Süßkartoffel oder Kürbis als
Beilage dazu reichen. Statt Pfeilwurzmehl kann man
auch Tapiokastärke nehmen.

Kohlrouladen in Tomatensauce

In meiner Kindheit in der Ukraine zählten Krautwickel, gefüllt mit Hackfleisch, Reis und Gemüse, zu meinen Lieblingsspeisen. Hier habe ich das traditionelle Rezept abgewandelt. Die Rouladen herzustellen, erfordert etwas Aufwand. Doch es lohnt sich, zumal sie sich im Kühlschrank einige Tage aufbewahren lassen.

ERGIBT 12 ROULADEN

1 großer Weißkohl

Für die Füllung
250 g Hackfleisch vom Schwein
250 g Hackfleisch vom Rind
50 g gemahlene Haselnüsse
oder Mandeln
3 Knoblauchzehen, fein gewürfelt
1 Zwiebel, fein gewürfelt
2 EL gehackte Petersilie
2 TL Paprika edelsüß
1½ TL Meersalz
1 TL Dijon- oder körniger Senf
½ TL schwarzer Pfeffer
aus der Mühle
½ TL Chiliflocken
2 EL Pinienkerne
2 EL Olivenöl extra vergine
1 EL glutenfreie Worcestersauce
1 Ei

Für die Tomatensauce
600 g Tomaten, gewürfelt
1 TL Tomatenmark
500 ml Gemüsebrühe
3 Lorbeerblätter
1 Sternanis

In einem großen Topf Wasser aufkochen. Den ganzen Kohlkopf hineingeben und 6–8 Minuten garen. Aus dem Wasser heben (dieses wird eventuell noch benötigt) und kalt abbrausen. Von dem Kohlkopf behutsam 12 größere Blätter ablösen; Blätter, die noch nicht weich genug sind, erneut für 1–2 Minuten ins kochende Wasser geben. Die vorbereiteten Blätter auf der Arbeitsfläche ausbreiten, den harten mittleren Strunk keilförmig herausschneiden und dicke Blattrippen flach schneiden. (Den Rest des Kohlkopfs für eine spätere Verwendung im Kühlschrank lagern.)

Den Backofen auf 180 Grad vorheizen.

Sämtliche Zutaten der Füllung in einer Schüssel mit den Händen gleichmäßig vermengen.

In die Mitte jedes Kohlblatts jeweils 2–3 EL der Hackfleisch-masse geben. Die Blattränder darüberschlagen und die Blätter vom Stielansatz her fest aufrollen. Die Rouladen mit der Nahtseite nach unten in einen Bräter legen.

Für die Sauce alle Zutaten in einen Topf geben und zum Kochen bringen. Die Kohlrouladen damit übergießen und die Rollen leicht anheben, damit auch etwas Sauce unter sie gelangt. Mit Alufolie abgedeckt im Ofen 20 Minuten garen; danach ohne Abdeckung noch 10 Minuten leicht überbräunen.

> Die Haselnüsse oder Mandeln und das Ei für die Füllung können Sie nach Wunsch auch weglassen. Traditionell werden die Rouladen mit etwas Sauce und einem Klecks Sauerrahm serviert.

Fleischspieße

Mir schmecken diese Spieße am besten über Holzkohle gegrillt.
Da dafür mageres Fleisch verwendet wird, darf man es nicht übergaren, sonst wird es schnell zäh.
Außerdem empfiehlt sich vorheriges Marinieren.

FÜR 6 PERSONEN

Für die Marinade
125 ml Olivenöl extra vergine
2 EL Balsamicoessig
60 ml Rotwein
2 EL glutenfreie Worcestersauce
1 TL Paprika edelsüß
½ TL Paprika geräuchert
⅔ TL Knoblauchpulver
½ TL gemahlener Koriander
1 TL Meersalz
½ TL Pfeffer aus der Mühle

Für die Spieße
500 g mageres Fleisch vom Rind,
Lamm oder Bison
2 mittelgroße Zucchini,
in 1½ cm dicke Scheiben geschnitten
je 1 kleine rote und gelbe Paprikaschote, in 2–3 cm große Quadrate
geschnitten
1 rote Zwiebel, in 2–3 cm große
Stücke geschnitten
2 EL Olivenöl extra vergine
oder Kokosöl
8–10 lange Bambusspieße

Die Zutaten für die Marinade vermischen.

Das Fleisch in 2–3 cm große Würfel schneiden. In der Marinade wenden, bis sie gleichmäßig davon überzogen sind. 30–60 Minuten marinieren lassen.

Die Bambusspieße 10 Minuten in Wasser einweichen, damit sie beim Grillen nicht verbrennen.

Die Gemüsestücke zum Fleisch geben und gut unter-mischen. Die Fleisch- und Gemüsestücke abwechselnd auf die Bambusspieße stecken – an beiden Enden der Spieße jeweils 1 cm frei lassen. Gemüsestücke, die übrig bleiben, beiseitelegen, um sie im Anschluss an die Spieße zu grillen.

Einen Holzkohlengrill anheizen oder eine große Grill-pfanne kräftig erhitzen. Den Grillrost bzw. die Grillpfanne mit Oliven- oder Kokosöl leicht einfetten. Die Spieße von beiden Seiten je 3–4 Minuten grillen bzw. braten, die Grillhaube bzw. einen Deckel auflegen und die Spieße weitere 1–2 Minuten garen. Die Spieße vor dem Servieren einige Minuten ruhen lassen.

Servieren Sie zu den Spießen im Ofen gebratene Süß-kartoffeln oder einen schönen grünen Salat.

Salat von pochiertem Hähnchen mit Kokosdressing

Nach demselben Rezept können Sie ohne großen Aufwand im Kokossud auch Gemüsestücke garen – ebenfalls ein köstlicher Genuss, ob als Beilage oder kleiner leichter Imbiss.

FÜR 4 PERSONEN

500 ml Gemüsebrühe
500 ml Kokosmilch
1 Stängel Zitronengras, in 3 Stücke geschnitten
4 Kaffirlimettenblätter
abgeriebene Schale von 1 Limette
1 kleine rote Chilischote, entkernt, fein geschnitten
2 EL Fischsauce
1 Prise Meersalz
4 Hähnchenbrustfilets, halbiert

Für das Kokosdressing
60 ml Kokoscreme
Saft von 1 Limette
2 Kaffirlimettenblätter, fein gehackt
2 EL Fischsauce
1 TL Naturhonig

Für den Salat
100 g gemischte grüne Salatblätter
1 Handvoll frische Korianderblätter
1 Handvoll frische Minzblätter
1 Handvoll Thai-Basilikumblätter
1 große rote Chilischote, in feine Streifen geschnitten
1 mittelgroße Salatgurke, in feine Scheiben geschnitten
1 Frühlingszwiebel samt Grün, fein gehackt
1 Mango, Fruchtfleisch in Scheiben geschnitten

Den Backofen auf 80 Grad vorheizen.

Gemüsebrühe und Kokosmilch mit Zitronengras, Kaffirlimettenblättern, abgeriebener Limettenschale, Chili, Fischsauce und Salz in einem mittelgroßen Topf zum Kochen bringen. Die Hähnchenbrustfilets in eine Auflaufform geben und mit der Kokosmilchmischung übergießen – sie sollen vollständig bedeckt sein. In den vorgeheizten Ofen schieben und 15 Minuten gar ziehen lassen. Dann die Hähnchenstücke aus dem Kokossud heben und auf einem Schneidebrett auskühlen lassen (den Kokossud können Sie gut am nächsten Tag als Grundlage für eine Suppe verwenden).

Die Zutaten zum Dressing mit einem Schneebesen gründlich verrühren. Die Salatzutaten mischen.

Das Hähnchenfleisch in feine Streifen schneiden oder rupfen und auf dem Salat anrichten. Mit einigen Esslöffeln des Kokosdressings beträufeln.

Falls Sie Nachtschattengewächse meiden, die Auslöser entzündlicher Prozesse sein können, lassen Sie die Chilischoten weg. Die Kräuter für den Salat können Sie frei variieren: Nehmen Sie normales statt Thai-Basilikum, umgekehrt Thai- anstelle der hiesigen Minze, Schnittlauch als Alternative zu Koriander (Cilantro). Kaffirlimettenblätter können durch Schalenstreifen von frischer, unbehandelter Limette oder etwas Zitronengras ersetzt werden.

Schweinekoteletts mit nussiger Kruste

FÜR 4 PERSONEN

6 Schweinekoteletts (Lende)

130 g Macadamianüsse

1 große Knoblauchzehe, gehackt

1 großes Bund Petersilie, gehackt

4 EL Olivenöl extra vergine

⅔ TL Meersalz

Meersalz, schwarzer Pfeffer aus der Mühle

1 TL Ghee

Die Koteletts Raumtemperatur annehmen lassen. Den Backofen auf 180 Grad vorheizen.

Macadamianüsse, Knoblauch, Petersilie, Olivenöl und Salz im Mixer oder Blitzhacker zu einer körnigen Paste verarbeiten.

Die Koteletts mit Salz und Pfeffer würzen. Das Ghee in einer Pfanne kräftig erhitzen. Die Koteletts von beiden Seiten je 1 Minute scharf anbraten. Auf einem Backblech etwas abkühlen lassen; anschließend die obere Seite dünn mit der Macadamiapaste überziehen, die Paste mit den Fingern gut andrücken. Die Koteletts auf ein Backblech legen und im Ofen auf der mittleren Schiene 12–15 Minuten garen, bis sie goldbraun überkrustet sind.

Harissa-Mandel-Hackbällchen

FÜR 3–4 PERSONEN

100 g geschälte Mandeln

600 g Hackfleisch vom Lamm

2–3 EL Harissa, fertig gekauft oder selbst gemacht (siehe Seite 42)

100 g Korinthen

1½ TL Meersalz

½ TL schwarzer Pfeffer aus der Mühle

1 EL Kokosöl

Den Backofen auf 175 Grad vorheizen.

Die Mandeln in einer Pfanne 4–5 Minuten unter häufigem Rühren hellbraun rösten. Im Blitzhacker oder Mörser fein krümelig mahlen. Hackfleisch, Mandeln, Harissa, Korinthen, Salz und Pfeffer gründlich vermengen. Aus der Masse mit benetzten Händen golfballgroße Kugeln formen.

Das Kokosöl in einer großen Pfanne mit hohem Rand auf mittlerer bis hoher Stufe erhitzen. Die Hackbällchen portionsweise ringsum anbräunen. Auf ein Backblech geben und im Ofen 10–15 Minuten fertig braten. Mit einem Tomaten- oder Zwiebel-Relish (siehe Seite 46) sowie reichlich Gemüse als Beilage servieren.

> Anstelle von Lammfleisch können Sie auch eine Mischung aus Schweine- und Rindfleisch verwenden. Falls Sie die Korinthen durch andere, größere Trockenfrüchte, etwa Cranberrys, ersetzen möchten, diese grob hacken.

Thailändischer Hähnchensalat

FÜR 4 PERSONEN

Für das Hähnchenfleisch

3 EL Kokosöl

1 Stängel Zitronengras,
fein geschnitten

1 große rote Chilischote,
fein gewürfelt

2 EL fein gehackter frischer Koriander

3–4 Kaffirlimettenblätter,
nach Belieben, gehackt

1 daumengroßes Stück
frischer Ingwer, fein gehackt

500 g Hähnchenbrustfilet, gehackt

2 Knoblauchzehen, fein gehackt

1 TL abgeriebene Schale
von 1 unbehandelten Limette

3 EL Fischsauce

1 EL Coconut Aminos
(siehe Kasten Seite 68)

Saft von ½ Limette

1 Prise Meersalz

Für das Dressing

2 EL Olivenöl extra vergine

1 TL geraspelter Palmzucker
oder Naturhonig

3 EL Limettensaft

1½ EL Fischsauce

1 kleine rote Chilischote, fein gehackt

1 TL Sesamöl

Für den Salat

40 g Cashewkerne

2 EL Kokoschips

¼ Kopf Rotkohl, in feine Streifen
gehobelt

1 große Karotte, geschält, geraspelt

½ Zwiebel, in feine Scheiben
geschnitten

1 Handvoll frische Kräuter
(siehe Kasten)

2 EL frische Korianderblätter

1 Handvoll frittierte Schalotten
(Asialaden), nach Belieben

Das Kokosöl in einer großen Pfanne oder einem Wok kräftig erhitzen. Zitronengras, Chili, Koriander, Kaffirlimettenblätter, falls verwendet, und Ingwer darin anbraten, bis es aromatisch duftet.

Hähnchenfleisch, Knoblauch und abgeriebene Limettenschale mit einem Holzspatel untermischen. Das Hackfleisch in kleinere Brocken zerteilen und 2–3 Minuten unter Rühren braten, bis es eine weißliche Farbe angenommen hat. Fischsauce, Coconut Aminos, Limettensaft und Meersalz untermischen und alles zusammen noch weitere 5 Minuten garen.

Inzwischen in einer kleinen Schüssel die Zutaten zum Dressing gründlich verrühren.

Die Cashewkerne in einer zweiten Pfanne 2–3 Minuten rösten; im Mörser grob zerstoßen. In derselben Pfanne die Kokoschips, falls verwendet, unter ständigem Rühren etwa 1 Minute knusprig und goldbraun rösten. Vom Herd nehmen und beiseitestellen.

Die übrigen Salatzutaten in einer Schüssel mischen, das gebratene Hähnchenfleisch darunterheben. Mit dem Dressing übergießen und durchmischen. Mit den Cashewkernen sowie nach Belieben den Kokoschips sowie frittierten Schalotten bestreuen.

> Frittierte Schalotten bekommen Sie im Asialaden.
> Beim Braten des Hähnchenfleischs verwerte ich gern die Korianderstiele mit, während die zuvor abgezupften Blätter (von ca. ½ Bund) in den Salat wandern. In diesem Fall sind die idealen Kräuter für den Salat neben Koriandergrün noch Minze und Thai-Basilikum.

Tacos mit Pulled Pork

Dies war das letzte Gericht, das ich für mein Kochbuch zubereitet habe.
Daher lud ich ein paar Freunde zu einem üppigen Essen im mexikanischen Stil ein. Wir haben
tatsächlich alles bis auf den letzten Bissen verputzt, und ich erntete viel Lob. Gutes Timing ist hier
wichtig, denn das Fleisch braucht etliche Stunden. Ich bereite die Beigaben während der letzten
Stunde vor, doch Sie könnten die Vorbereitungen durchaus auch auf zwei Tage verteilen.

FÜR 6–8 PERSONEN

Für das Pulled Pork

1 EL Ghee

1 kg Schweineschulter,
in 2 cm große Würfel geschnitten

1 große Zwiebel, in Scheiben
geschnitten

125 ml Weißwein

500 ml Hühnerbrühe

1 TL schwarzer Pfeffer aus der Mühle

1½ TL Paprika geräuchert

1½ TL gemahlener Kreuzkümmel

1 TL gemahlener Koriander

1 Sternanis

1 TL Meersalz

3 EL Tomatenmark

3 Lorbeerblätter

2 EL Balsamicoessig

abgeriebene Schale und Saft
von 1 unbehandelten Limette

1 EL Kokosblütenzucker
oder Naturhonig

Das Ghee in einer großen ofenfesten Kasserolle oder einem gusseisernen Schmortopf kräftig erhitzen. Das Fleisch 4–5 Minuten scharf anbraten, dabei mehrmals wenden, damit die Stücke gleichmäßig bräunen. Die Zwiebelscheiben untermischen und 1 Minute mitbraten. Mit dem Weißwein ablöschen und diesen kurz einkochen lassen. Die Brühe dazugießen, Gewürze, Salz, Tomatenmark und Lorbeerblätter untermischen. Das Ganze einmal aufkochen lassen und dann auf kleiner Stufe zugedeckt 3 Stunden köcheln lassen; alle 30 Minuten umrühren.

Nach 2¾ Stunden Garzeit den Backofen auf 200 Grad vorheizen. Nach 3 Stunden die Lorbeerblätter entfernen und das geschmorte Fleisch im Topf mit einem Kartoffelstampfer bearbeiten, sodass es zerfällt, oder mit einer Gabel zerpflücken. Balsamicoessig, abgeriebene Limettenschale und Kokosblütenzucker oder Honig gründlich unter das Fleisch mischen. Das Fleisch in einen Bräter umfüllen und ohne Abdeckung 20–25 Minuten im Ofen bräunen und karamellisieren. Zuletzt mit dem Limettensaft beträufeln.

Je nach Zeitbudget bereiten Sie das Pulled Pork am Vortag zu. Ebenso empfiehlt es sich, die Cashewkerne für die Cashewsauce (siehe Seite 104) bereits am Vortag einzuweichen oder auch die Sauce bereits ganz fertigzustellen. Alles Weitere lässt sich dann frisch bequem am folgenden Tag herstellen.

Für die Cashewsauce

170 g Cashewkerne, 6 Stunden
eingeweicht

2 Knoblauchzehen, grob gehackt

3 Schalotten, gewürfelt

1 große rote Chilischote
(mittelscharf), gehackt

125 ml Olivenöl extra vergine

2 TL gemahlener Koriander

1 TL gemahlener Kümmel

1 TL Paprika geräuchert

1 TL Meersalz

1 EL Tomatenmark

250 ml Wasser

Saft von ½ Limette

Für die Guacamole

2 reife Avocados, Fruchtfleisch
ausgelöst

1 EL frischer Koriander, gehackt

½ Knoblauchzehe, gerieben

Saft von ½ Limette

½ TL Meersalz

½ TL schwarzer Pfeffer
aus der Mühle

Für die Tomatensalsa

4 mittelgroße Tomaten, geviertelt,
entkernt

½ rote Zwiebel, fein gewürfelt

1 große rote Chilischote,
fein gewürfelt

2 EL Rotweinessig

2 EL Olivenöl extra vergine

Salz, Pfeffer aus der Mühle

Zum Servieren

20 kleine Romana-Salatblätter,
gewaschen, trocken geschleudert

Das Einweichen der Cashewkerne ist wichtig und darf keinesfalls unterlassen werden (notfalls auch nur für 2 Stunden, falls die Zeit knapp ist).

Anschließend die Cashewkerne abspülen. Mit Knoblauch, Schalotten und Chili im Blitzhacker oder Mixer zu einer fein krümeligen Mischung verarbeiten.

Inzwischen in einem Topf das Olivenöl kräftig erhitzen. Die Cashewbrösel mit den Gewürzen, dem Meersalz und dem Tomatenmark hinzufügen und alles 3–4 Minuten unter häufigem Rühren anbraten. Bei mittlerer Hitze langsam das Wasser einrühren. Die Sauce schließlich auf kleiner Stufe 6–8 Minuten köcheln lassen, bis sie eingedickt und leicht karamellisiert ist. Vom Herd nehmen und den Limettensaft unterrühren. In eine Servierschüssel füllen und beiseitestellen.

Für die Guacamole das Avocadofruchtfleisch in einer Servierschüssel mit einer Gabel zerdrücken. Die übrigen Zutaten beigeben und zu einem gleichmäßig glatten Püree mischen.

Für die Tomatensalsa die Tomaten fein würfeln. In einer Servierschüssel mit den übrigen Zutaten gründlich vermengen. Mit Salz und Pfeffer abschmecken.

Das Pulled Pork direkt im Bräter oder in einer großen Schüssel auf den Tisch stellen. Die Salatblätter und die Saucen in kleinen Schüsseln separat dazu reichen. Jeder Gast stellt sich seine Tacos nach Gusto selbst zusammen, indem er etwas Pulled Pork auf ein Salatblatt häuft und darauf nach Wunsch etwas Guacamole, Tomatensalsa oder einen Klecks der Cashewsauce gibt.

Asiatische Hähnchenfrikadellen

Ich könnte diese pikant gewürzten Frikadellen einfach so wegnaschen, wie Konfekt. Servieren Sie sie als Teil eines Buffets im Asia-Stil oder als Hauptgericht, begleitet von gedünstetem grünem Gemüse und einem Gurkensalat. Als Dip sollte in jedem Fall das Asia-Dressing von Seite 198 nicht fehlen.

ERGIBT 12–14 FRIKADELLEN

800 g Hähnchenfleisch, gehackt
2 Eier
2 EL Limettensaft
2 EL Kokosöl

Zum Servieren
2 mittelgroße Salatgurken,
in feine Bänder gehobelt
1 Handvoll Thai-Basilikum
Asia-Dressing (siehe Seite 198)

Das Hähnchenfleisch mit den übrigen Zutaten außer dem Kokosöl in einer Schüssel mit den Händen gründlich vermengen. Aus der Masse golfballgroße Bällchen formen und diese leicht flach drücken.

In einer großen Pfanne das Kokosöl kräftig erhitzen. Die Frikadellen auf mittlerer Stufe von beiden Seiten jeweils 5–7 Minuten braten.

Mit den Gurkenstreifen, Thai-Basilikum und dem Asia-Dressing (oder nach Wahl auch einem anderen würzigen Dip) servieren.

Nach demselben Rezept kann man auch Frikadellen aus einer Mischung von Schweine- und Rinderhackfleisch zubereiten. Die gebratenen Frikadellen lassen sich 2–3 Tage im Kühlschrank und bis zu 1 Monat im Tiefkühler aufbewahren. Sie schmecken auch in einer Currysauce oder zerkleinert in Omeletts vorzüglich.

Wachteln mit Senf und Thymian

Was ich vor allem an Wachteln liebe, ist, dass man einen ganzen Vogel für sich allein hat. Man vertilgt sie Stück für Stück, knabbert das saftige Fleisch von den Knochen und kann sich zwischendrin immer wieder nach Herzenslust die Finger ablecken.

FÜR 5 PERSONEN

Für die Marinade
½ TL gemahlene Kurkuma
1 TL Dijonsenf
2 EL frische Thymianblättchen
2 Knoblauchzehen, gehackt
½ TL schwarzer Pfeffer
aus der Mühle
1½ TL Meersalz
abgeriebene Schale
von 1 unbehandelten Zitrone
2 EL Zitronensaft
125 ml Olivenöl extra vergine

Für die Wachteln
5 Wachteln, küchenfertig vorbereitet
10 Zweige frischer Thymian
5 Knoblauchzehen, geschält, ganz
5 Scheiben von 1 unbehandelten Zitrone

Alle Marinadezutaten in eine Schüssel geben und mit einem Schneebesen gründlich verrühren. Die Wachteln außen und innen gleichmäßig mit der Marinade bestreichen; 15 Minuten ruhen lassen.

Den Backofen auf 190 Grad vorheizen.

In die Bauchhöhle jeder Wachtel 2 Thymianzweige, 1 Knoblauchzehe und 1 Zitronenscheibe füllen. Die Keulen der Wachteln mit Küchengarn zusammenschnüren und die Wachteln nebeneinander in einen Bräter legen. Im vorgeheizten Ofen 35 Minuten backen. Herausnehmen und vor dem Servieren mit Alufolie abgedeckt 5–10 Minuten ruhen lassen.

Als Beilage garen Sie gleichzeitig auf der unteren Schiene des Ofens Lauch oder Karotten, beträufelt mit Olivenöl und gewürzt mit Meersalz, Pfeffer und italienischen Kräutern.

> Mit derselben Marinade und nach demselben Prinzip können Sie auch Hähnchen – ob en crapaudine, also entlang von Rückgrat oder Brustbein durchtrennt, auseinandergeklappt und platt gedrückt, oder auch im Ganzen gebraten – sowie Tauben zubereiten.

Lammkoteletts mit Zitronen-Harissa

Servieren Sie zu diesen Lammkoteletts gebackenen Kürbis und einen Rucolasalat. Die Pinienkerne können Sie auch weglassen. Das Harissa lässt sich gut im Voraus zubereiten.

FÜR 2–3 PERSONEN

1 Lammkarree, pariert
½ TL gemahlener Kreuzkümmel
½ TL Paprika edelsüß
⅔ TL schwarzer Pfeffer
aus der Mühle
1 TL Meersalz
1 TL Kokosöl
2 EL Pinienkerne
60 ml Zitronen-Harissa
(siehe Seite 178)
2 EL frische Korianderblätter
1 große rote Chilischote, in Ringe
geschnitten

Den Backofen auf 180 Grad vorheizen.

Gewürze und Salz vermengen. Das Lammkarree mit der Gewürzmischung einreiben und 15–20 Minuten marinieren.

In einer großen Pfanne das Kokosöl kräftig erhitzen. Das Lammkarree von beiden Seiten je 3 Minuten scharf anbraten und bräunen. In einen Bräter geben und im vorgeheizten Ofen 12 Minuten braten. Gleichzeitig die Pinienkerne auf einem kleinen Blech im Ofen 2 Minuten mit rösten. Beides aus dem Ofen nehmen. Das Lammkarree auf einem Brett 5 Minuten ruhen lassen, dann in einzelne Koteletts teilen. Diese können nach Belieben nochmals kurz in der Pfanne auf beiden Seiten angebraten werden.

Während das Lamm im Ofen gart, das Harissa nach Rezept Seite 178 zubereiten. Die Lammkoteletts mit Harissa beträufeln, mit Pinienkernen, Korianderblättern und Chiliringen bestreut servieren.

Lammkoteletts mit Curry

FÜR 3 PERSONEN

1½ EL Currypulver
½ TL gemahlener Koriander
½ TL gemahlener Kreuzkümmel
½ TL Chilipulver oder -flocken
2 Knoblauchzehen, fein gehackt
1 EL Coconut Aminos (siehe Seite 68)
125 ml Kokoscreme
⅔ TL Meersalz
12 Lammkoteletts, pariert
1 EL Kokosöl

Alle Zutaten außer Lammkoteletts und Kokosöl in einer Schüssel vermischen. Die Lammkoteletts in der Würzmischung wenden, bis sie gleichmäßig damit überzogen sind; 15–20 Minuten marinieren.

Das Kokosöl in einer großen Pfanne auf mittlerer bis hoher Stufe erhitzen. Die Lammkoteletts aus der Marinade nehmen und portionsweise auf jeder Seite 3 Minuten braten – dann sind sie in der Mitte noch rosa bis leicht blutig (medium bis medium rare). Vor dem Servieren einige Minuten ruhen lassen.

Die Marinade nach Belieben 1 Minute einkochen und die gebratenen Koteletts damit überziehen.

Meine berühmte Lasagne

Dies ist das meistaufgerufene Rezept auf meiner Website, folglich darf es hier einfach nicht fehlen. Und damit ist im Grunde schon alles gesagt.

FÜR 6 PERSONEN

Für die Rindfleischsauce
2 EL Olivenöl extra vergine
1 Zwiebel, fein gehackt
Meersalz
1 TL Ghee
500 g Hackfleisch vom Weiderind
170 ml trockener Rotwein
3 Knoblauchzehen, fein gehackt
⅔ TL Paprika edelsüß
⅔ TL schwarzer Pfeffer
aus der Mühle
750 g Tomaten-Passata

Für die Lasagne
1 große Aubergine, in 1 cm dicke
Scheiben geschnitten
5 EL Olivenöl extra vergine
2 Pastinaken, geschält,
in feine Scheiben geschnitten
2 TL Ghee
2 Handvoll Basilikumblätter,
grob zerpflückt
5–6 Champignons, in Scheiben
geschnitten
80 g Babyspinat
3 mittelgroße Zucchini, längs
in dünne Bänder gehobelt
370 g Ricotta, nach Belieben
2–3 EL geriebener Parmesan,
nach Belieben
frische Basilikumblätter
und Kirschtomaten zum Garnieren

Für die Sauce in einem weiten, flachen Topf das Olivenöl erhitzen. Die Zwiebel mit einer Prise Meersalz 5 Minuten unter Rühren andünsten. Das Ghee und das Hackfleisch hinzufügen und 5–6 Minuten kräftig braun anbraten; dabei mit einem Spatel oder Kartoffelstampfer das Hackfleisch in kleine Brocken zerteilen. Wein, Knoblauch, Paprika, Pfeffer und 1 TL Meersalz untermischen und alles 3–4 Minuten weiter schmoren. Die Tomaten-Passata beigeben, alles einmal aufkochen und dann auf kleiner Stufe 10 Minuten köcheln lassen.

Inzwischen die Auberginenscheiben mit Meersalz bestreuen und 10 Minuten entwässern. Abspülen und trocken tupfen.

Den Backofen auf 180 Grad vorheizen. Den Boden einer Auflaufform mit etwas Olivenöl bestreichen. Die Pastinaken leicht überlappend in einer Lage in die Form geben. Im vorgeheizten Ofen 10 Minuten garen.

In einer Pfanne 2 EL Olivenöl und 1 TL Ghee erhitzen. Die Auberginenscheiben portionsweise auf jeder Seite 3 Minuten braten; nach Bedarf weiteres Olivenöl und Ghee hinzufügen.

Die Form aus dem Ofen nehmen und die übrigen Zutaten wie folgt lagenweise einfüllen: ein Drittel der Rindfleischsauce, Auberginenscheiben, frische Basilikumblätter, Pilze, restliche Sauce, Spinat, Zucchini; zuletzt mit etwas Olivenöl beträufeln und mit frisch gemahlenem Pfeffer bestreuen. Den Auflauf leicht zusammenpressen und im Ofen bei 180 Grad 35–40 Minuten backen. Nach 20 Minuten den Ricotta, falls verwendet, und den geriebenen Parmesan auf der Lasagne verteilen. Die Backofentemperatur während der letzten 10–15 Minuten auf 200 Grad erhöhen. Die Lasagne mit frischem Basilikum und einigen halbierten Kirschtomaten garnieren. Nach Belieben begleitet von einem gemischten Salat servieren.

Filetsteaks mit Lauch und Pilzen

Das Filetsteak oder Filet Mignon ist der Filetkopf der Lende; es gehört zu den zartesten Stücken vom Rind und erfordert bei der Zubereitung keine große Mühe. Viele sehen es als Frevel an, das Fleisch durchzugaren, und sind auch gegen Marinieren. Alles, was dieses edle Stück braucht, sind ein paar schöne Beilagen.

FÜR 4 PERSONEN

Für die Filetsteaks
4 Filetsteaks oder Filet mignons
à 150 g
1 TL Kokosöl
½ TL Meersalz
½ TL schwarzer Pfeffer
aus der Mühle

Für den Lauch
2 EL Kokosöl
2 Stangen Lauch, in Scheiben
geschnitten
⅔ TL körniger Senf
Meersalz

Für die Pilze
20 g getrocknete Steinpilze
(ca. 2 Handvoll), eingeweicht
2 EL Olivenöl extra vergine
1 TL Ghee
ca. 250 g Champignons, in Scheiben
geschnitten
3 Knoblauchzehen, gehackt
⅔ TL Meersalz
1 TL abgeriebene Schale von
1 unbehandelten Zitrone
125 ml Weißwein
125 ml Einweichwasser der Pilze
1 TL Tapiokastärke (Tapiokamehl)
1 EL Zitronensaft
½ TL Ghee

Die Filetsteaks aus dem Kühlschrank nehmen und Raumtemperatur annehmen lassen.

Die getrockneten Steinpilze mit 250 ml kochend heißem Wasser übergießen und 10 Minuten einweichen. Danach abseihen und das Einweichwasser auffangen.

Für den Lauch das Kokosöl in einem mittelgroßen Topf oder einer Pfanne auf mittlerer Stufe erhitzen. Den Lauch unter Zugabe des Senfs und einer Prise Salz darin 12–15 Minuten dünsten; gelegentlich rühren.

Inzwischen für die Pilze in einer zweiten Pfanne Olivenöl und 1 TL Ghee erhitzen. Steinpilze und Champignons mit Knoblauch, Salz und abgeriebener Zitronenschale darin 3–4 Minuten braten, bis die Pilze leicht gebräunt sind. Den Weißwein und 125 ml Einweichwasser der Pilze dazugießen. Auf hoher Stufe zum Kochen bringen und 3–4 Minuten köcheln lassen. Die Tapiokastärke in etwas warmem Wasser auflösen. Zusammen mit dem Zitronensaft und nochmals ½ TL Ghee unter die Pilze rühren, bis die Sauce leicht eingedickt ist. Vom Herd nehmen.

Die Filetsteaks leicht salzen und pfeffern. In einer Pfanne 1 TL Kokosöl kräftig erhitzen. Die Steaks auf jeder Seite 3–4 Minuten braten – dann sind sie in der Mitte noch rosa bis leicht blutig (medium bis medium rare). Vor dem Anrichten 2 Minuten ruhen lassen. Die Filetsteaks jeweils mit einem großen Löffel Lauch und Pilzgemüse anrichten. Das restliche Gemüse separat dazu servieren.

Makrelen aus dem Ofen

Mit diesem Rezept entführe ich Sie auf die griechischen Inseln, wo dieses Ofengericht Tradition hat. Oft wird es mit Makrelen zubereitet, doch eignen sich auch andere Fische mittlerer Größe. Makrelen besitzen einen ziemlich markanten Geschmack, der in diesem Fall unter der Mitwirkung von süßlichen Tomaten, Karotten und Paprika, ergänzt durch Knoblauch, Zwiebeln und Wein, schön ausbalanciert wird. Anstelle der hier verwendeten größeren Makrelen können Sie auch 6–8 kleinere Exemplare verwenden.

FÜR 2 PERSONEN

4 EL Olivenöl extra vergine

2 kleine Zwiebeln, in Scheiben geschnitten

1 große rote Paprikaschote, entkernt, in Streifen geschnitten

Salz

2 Makrelen, geputzt und ausgenommen

3 Knoblauchzehen, fein gehackt

2 EL Petersilie

250 g Kirschtomaten, längs halbiert

3 frische Lorbeerblätter

2 mittelgroße Karotten, geschält, in Scheiben geschnitten

Saft und abgeriebene Schale von 1 unbehandelten Zitrone

1 TL Meersalz (vorzugsweise Sel gris)

½ TL schwarzer Pfeffer aus der Mühle

250 ml trockener Weißwein

In einer Pfanne das Öl erhitzen. Zwiebeln und Paprika dazugeben und leicht salzen; auf kleiner bis mittlerer Stufe etwa 15 Minuten dünsten, bis das Gemüse weich und leicht karamellisiert ist.

Den Backofen auf 180 Grad vorheizen. Einen Bräter oder eine Auflaufform mit Alufolie so auskleiden, dass auch der Rand bedeckt ist.

Die Fische mit einem Teil des Knoblauchs und der Petersilie füllen. Die Hälfte der Zwiebel-Paprika-Mischung in die vorbereitete Form geben; darauf die Hälfte der Tomaten, etwas Knoblauch, die Lorbeerblätter und jeweils die Hälfte der Karotten, der abgeriebenen Zitronenschale und des Zitronensafts verteilen. Alles mit Salz und Pfeffer bestreuen. Die Makrelen auf das Gemüsebett legen und die übrigen Zutaten gleichmäßig darüber verteilen. Mit dem restlichen Zitronensaft beträufeln und gleichmäßig mit dem Wein übergießen. Die Form mit Alufolie verschließen, auf der mittleren Schiene in den Ofen schieben und die Fische 20 Minuten im Dampf garen. Die Folie abnehmen und die Fische weitere 20 Minuten garen, sodass sie eine knusprige Kruste bekommen. Nach Belieben kann man noch nach Oliven, Fenchelscheiben und weitere Kräuter wie Oregano oder Basilikum zum Fisch geben.

Als Beilage zu diesem Gericht einen großen grünen Salat oder gegrilltes Gemüse – etwa Zucchini, grünen Spargel und Süßkartoffeln – servieren.

Baskische Sardinen

Die Anregung zu diesem Rezept lieferten Sardinen vom Grill, die ich einmal in Biarritz, einer hübschen Küstenstadt im französischen Teil des Baskenlands, genoss. Das ursprüngliche Gericht war etwas anders gewürzt, auch waren die Sardinen im Ganzen gegrillt. Dennoch verbindet sich in meiner Version der Geschmack des Meeres mit den für die baskische Küche typischen Aromen von Knoblauch, Olivenöl und Paprika, sodass, wie ich finde, die zauberhafte Atmosphäre jenes lauen Abends am Fischerhafen lebendig wird.

FÜR 2 PERSONEN

10 Sardinen, geputzt
und ausgenommen

2 Knoblauchzehen, fein gewürfelt

3 EL Oliven- oder Macadamiaöl

2 EL gehackte frische Petersilie

1 TL Paprika edelsüß

⅔ TL Meersalz

schwarzer Pfeffer aus der Mühle

Ghee

Zitronensaft

Die Sardinen an der Bauchseite aufschneiden, aufklappen, mit der Haut nach oben auf ein Brett legen und mit der Handfläche vom Kopf- bis zum Schwanzende flach drücken. Die Fische wenden und die Mittelgräte herauslösen – dabei nach Belieben eine Schere zur Hilfe nehmen; falls einige kleine Gräten im Fleisch zurückbleiben, ist das kein Problem. (Sie können auch Ihren Fischhändler bitten, die Fische auf diese Weise vorzubereiten.)

Den Knoblauch in einer kleinen Pfanne im Öl auf niedriger Stufe braten, bis er nach 4–5 Minuten goldbraun ist; damit er nicht anbrennt, wiederholt umrühren. Auf Küchenpapier etwas abtropfen lassen. Dann den Knoblauch mit Petersilie, Paprika, Salz und Pfeffer mischen. Beiseitestellen.

In einer Grillpfanne 1 EL Ghee stark erhitzen. Die flach auseinandergeklappten Sardinen mit der Haut nach unten 2–3 Minuten anbraten. Mit einem Spatel vorsichtig vom Pfannenboden lösen, wenden und weitere 30 Sekunden garen – das Fleisch soll nur leicht bräunen.

Zum Servieren die Sardinen mit der Knoblauch-Petersilien-Mischung bestreuen und mit Zitronensaft beträufeln. Dazu passt ein Glas Rosé.

Austern mit fünferlei Dressings

Saftig, mit feiner Salznote und außerdem vollgepackt mit Eisen, Zink, Kupfer, Vitamin D und wertvollen Omega-3-Fettsäuren – mit diesen Eigenschaften stehen Austern auch bei gesundheitsbewussten Gourmets hoch im Kurs. Probieren Sie dazu eines der folgenden Dressings; sie sind alle von meinen Lieblingsküchen inspiriert. Einfach die Zutaten nach Bedarf zerkleinern und rasch in einer Schüssel vermischen. Als Begleitung passt dazu ein knackig frischer Weißwein.

GENUG FÜR EIN DUTZEND AUSTERN

MEXIKANISCH

4 Scheibchen eingelegte Jalapeño-Chili (Glas), gehackt

1 EL gehackter frischer Koriander

¼ TL gemahlener Kreuzkümmel

1½ EL Limettensaft

2 EL Olivenöl extra vergine

ASIATISCH

1 TL geriebener oder fein gehackter Ingwer

1 TL fein gewürfelte oder in Ringe geschnittene rote Chilischote

1 TL Sesamöl

1 EL Limettensaft

½ TL geraspelter Palmzucker oder Honig

1 TL Fischsauce

1½ EL Olivenöl extra vergine

RUSSISCH

1 EL fein gewürfelte Salatgurke

1 TL gehackter frischer Dill

1 EL Zitronensaft

1½ EL Olivenöl extra vergine

je 1 Prise Salz und Pfeffer aus der Mühle

Fischrogen oder Kaviar als Krönung

FRANZÖSISCH

1 kleine Schalotte, fein gewürfelt

1 EL Rotweinessig

¼ TL gemahlener Koriander

1½ EL Olivenöl extra vergine

1 Prise Salz

ITALIENISCH

½ mittelgroße Tomate, entkernt, gewürfelt

2 grüne Oliven, entsteint, gehackt

½ EL gehackte frische Petersilie oder Basilikum

1 EL Balsamico- oder Weißweinessig

2 EL Olivenöl extra vergine

1 Prise Salz

MEXIKANISCH

ASIATISCH

RUSSISCH

FRANZÖSISCH

Italienisch

Miesmuscheln in Weißwein mit Zitronengras

Mit diesem Gericht hat mich mein Partner das erste Mal bekocht und gleich ordentlich bei mir gepunktet. Bis heute liebe ich es wegen seines herrlich frischen, aromatischen Geschmacks; außerdem sind Muscheln sehr nahrhaft.

FÜR 2 PERSONEN

1 EL Kokosöl

3 Frühlingszwiebeln, gewürfelt

½ große rote Chilischote, in Ringe geschnitten

1 Stängel Zitronengras, heller Teil fein gewürfelt

2 Knoblauchzehen, gehackt

375 ml trockener Weißwein

1½ EL Fischsauce

250 ml Gemüsebrühe

1 kg Miesmuscheln, gesäubert

1 Handvoll frische Minze

1 Handvoll Thai- oder gewöhnliches Basilikum

Zitronensaft zum Beträufeln

Beim Kauf von Muscheln darauf achten, dass die Schalen geschlossen sind beziehungsweise sich unter Druck oder beim Klopfen auf eine Unterlage schließen – dies ist ein klares Lebenszeichen. Finger weg von Muscheln mit fischigem Geruch oder beschädigter Schale! Die Farbe des Fleisches zeigt an, ob eine Muschel weiblich (orange) oder männlich (weiß) ist.

In einem Suppentopf oder einer weiten, hohen Pfanne mit passendem Deckel das Kokosöl bei mittlerer bis schwacher Hitze erwärmen. Frühlingszwiebeln, Chili, Zitronengras und Knoblauch unter häufigem Rühren 1–2 Minuten weich dünsten.

Die Hitze erhöhen. Weißwein und Fischsauce dazugießen und etwa 30 Sekunden einkochen lassen; dann die Gemüsebrühe hinzufügen und alles erneut zum Kochen bringen. Die Muscheln hineingeben und gut durchmischen, bis sie alle mit dem Fond benetzt sind. Die Muscheln zugedeckt auf mittlerer Stufe 5–6 Minuten garen; nach der Hälfte der Zeit nochmals durchmischen und wenden, sodass alle gleichmäßig garen. Wenn sich die meisten Muscheln geöffnet haben, vom Herd nehmen. Die gegarten Muscheln sollten pralles, saftiges Fleisch aufweisen, das einen frischen Meeresgeschmack besitzt.

Zuletzt die Kräuter untermischen und die Muscheln mit 2–3 EL Zitronensaft beträufeln. Mit einer Küchenzange und einem großen Löffel für den Fond direkt im Topf auftragen. Üblicherweise reicht man zu Muscheln frisches Baguette oder dick geschnittene Pommes frites zum Auftunken des Fonds. Sie können aber auch gedämpfte Brokkoliröschen und Zuckerschoten dazu servieren, die man, nachdem alle Muscheln gegessen sind, in den Fond gibt.

Fischstäbchen in Macadamiakruste

*Dies ist meine moderne Interpretation der allseits geliebten Fischstäbchen.
Dank ihres Überzugs aus gesunden Macadamianüssen, Petersilie und Knoblauch schmecken sie
besser und würziger als der sonst allgegenwärtige panierte Fisch. Die als Beigabe dazu
übliche Sauce tartare ersetzt hier ein Rotkrautsalat mit dem feinen Aroma von Estragon,
das bestens mit dem Fisch harmoniert. Alles in allem ein frühlingshaftes Gericht mit leicht
französischem Flair.*

FÜR 2 PERSONEN

Für die Fischstäbchen
500 g feste weißfleischige Fischfilets
¾ TL Meersalz
130 g Macadamianüsse
2 Knoblauchzehen, grob gehackt
abgeriebene Schale
von 1 unbehandelten Zitrone
2 EL gehackte frische Petersilie
2 EL Olivenöl extra vergine
schwarzer Pfeffer aus der Mühle

Für den Krautsalat
¼ Rotkohl, in feine Streifen
geschnitten oder gehobelt
1 mittelgroße Karotte, geschält,
gerieben
½ rote Zwiebel, in feine Scheiben
geschnitten
1 EL Mayonnaise
1 EL Olivenöl extra vergine
1 EL Weißweinessig
10–15 frische Estragonblätter
Salz, Pfeffer aus der Mühle

Kokos- oder Olivenöl für das Blech
Zitronenspalten zum Servieren

Den Backofen auf 200 Grad vorheizen. Die Fischfilets in 1–2 cm breite Streifen schneiden, salzen und beiseitelegen.

Alle übrigen Zutaten für die Fischstäbchen im Mixer oder Blitzhacker zu einer fein krümeligen Mischung verarbeiten. Die Fischstreifen gleichmäßig mit der Nussmischung umhüllen und diese mit den Fingern gut andrücken.

Ein Backblech mit etwas Kokos- oder Olivenöl fetten und mit Backpapier belegen. Die panierten Fischstreifen jeweils mit etwas Abstand zueinander darauflegen. Im Ofen 12 Minuten backen, bis die Kruste goldbraun und knusprig ist.

Inzwischen alle Zutaten zum Krautsalat mischen (siehe auch die Anleitung Seite 58). Den Salat zu den Fischstäbchen servieren und nach Belieben eine Mayonnaise dazu reichen (siehe Seite 193).

Auch ganze Fischfilets lassen sich auf diese Weise zubereiten. Den Estragon können Sie weglassen oder durch frischen Dill ersetzen, der ebenfalls gut mit Fisch harmoniert. Wer Eier meidet, streicht die Mayonnaise und gibt dafür etwas mehr Olivenöl sowie extra Zitronensaft ans Dressing.

Jakobsmuscheln mit Limetten-Koriander-Butter

Lust auf eine kleine Genussreise in die Karibik? Die zitrusfrischen, buttrigen Muscheln kommen auch bei Gästen garantiert gut an.

ERGIBT 12 STÜCK

12 Jakobsmuscheln in der Schale
2 EL Limetten-Koriander-Butter (siehe Seite 196)
Saft von ½ Limette
schwarzer Pfeffer aus der Mühle, Meersalz

Den Backofengrill auf 200 Grad vorheizen.

Auf jede Jakobsmuschel ½ TL Limetten-Koriander-Butter geben. Die Schalen auf ein Backblech setzen und die Jakobsmuscheln unter dem heißen Grill 4–5 Minuten garen. Mit etwas Limettensaft beträufeln, mit wenig Pfeffer und einer kräftigen Prise Meersalz bestreuen und heiß servieren.

> Wer den Geschmack von Koriandergrün nicht mag, kann hier auf Petersilie ausweichen. Und wer Milchprodukte meidet, nimmt statt der Butter Olivenöl und mixt damit ein sämiges Dressing.

Thunfischtatar mit Sesam

FÜR 2 PERSONEN

Für das Dressing
1 TL abgeriebene Limettenschale
Saft von 1 Limette
1 EL Coconut Aminos (siehe Kasten Seite 68)
1 EL Fischsauce
1 TL Sesamöl
1 TL Olivenöl extra vergine
Meersalz, Pfeffer aus der Mühle

Für Tatar und Garnitur
250 g Thunfisch (Sushi-Qualität)
1 EL feine Schnittlauchröllchen
1 EL gerösteter Sesam
1 Avocado
1 EL Limetten- oder Zitronensaft
1 EL gehacktes Koriandergrün
Meersalz

In einer Schüssel die Zutaten zum Dressing verrühren.

Den Thunfisch in Scheiben und diese dann in ganz kleine Würfel schneiden. Zum Dressing in die Schüssel geben, Schnittlauch und Sesam hinzufügen. Gut mischen und 10 Minuten im Kühlschrank marinieren lassen.

Das Avocadofruchtfleisch mit Limettensaft, Koriandergrün und einer kräftigen Prise Salz vermischen. Das Thunfisch-tatar auf kleine Teller verteilen und auf jede Portion einen Klecks Avocadomus geben. Nach Belieben mit Radieschen-scheiben und Salatblättern garnieren.

Dazu passen die Tahin-Cracker (Seite 174) oder Süß-kartoffelchips.

> Anstelle von Coconut Aminos können Sie 1 EL Tamari, vermischt mit ½ TL Honig, verwenden. Anderer Fisch in Sushi-Qualität ist für diese Zubereitung ebenfalls geeignet.

Garnelen mit roter Currypaste

Dies ist meine Lieblingszubereitung für frische Garnelen. Wenn man Garnelen mariniert und in der Schale grillt, entwickeln sie einen volleren Geschmack und bleiben saftiger. Vergessen Sie allen Anstand, und stellen Sie stattdessen eine Schale mit Zitronenwasser auf den Tisch, um zwischendurch die Finger reinigen zu können, die Sie während dieses Essens immer wieder ablecken werden.

FÜR 4 PERSONEN

Für die rote Currypaste
2 Schalotten, gewürfelt
3 Knoblauchzehen, grob gewürfelt
2 große rote Chilischoten, gewürfelt
1 Stängel Zitronengras, in Scheiben geschnitten
1 EL Galgant, geschält, gerieben
1 EL frische Kurkuma, geschält, gerieben
6 Kaffirlimettenblätter
2 EL gehackte Korianderstängel
1 EL Fischsauce
2 EL Olivenöl extra vergine
½ TL Palm- oder Kokosblütenzucker

Für die Garnelen
700 g frische Riesengarnelen
125 ml Kokoscreme
Meersalz
Saft von ½ Limette

Öl für den Grill oder Grillrost
Limettenviertel, frischer Koriander und Chiliringe zum Servieren

Alle Zutaten für die Currypaste im Blitzhacker 2–3 Minuten zu einer möglichst glatten Paste pürieren. In ein Schraubglas füllen und mit einer dünnen Schicht Olivenöl bedecken. Im Kühlschrank hält sich die Paste so bis zu 7 Tage.

Die Garnelen am Körper festhalten und den Kopf abdrehen (die Köpfe lassen sich für eine Brühe verwerten). Die Garnelenschwänze dem Bauch entlang tief einschneiden, auseinanderklappen und flach drücken (dabei kann die Schale leicht brechen). Den dunklen Darmstrang vorsichtig herauslösen. Die Garnelen zuletzt unter fließendem Wasser abspülen.

Die Garnelen mit 2 EL Currypaste, der Kokoscreme, einer Prise Salz und Limettensaft in eine Schüssel geben und mit den Händen gut durchmischen, bis sie gleichmäßig damit überzogen sind. Im Kühlschrank 4–5 Stunden marinieren lassen.

Einen Elektro- oder Holzkohlengrill kräftig vorheizen. Mit etwas Öl bestreichen. Die Garnelen zunächst auf der Fleischseite 3 Minuten grillen. Wenden und auf der Schalenseite noch 1 Minute garen. Mit frischem Koriander und Chiliringen bestreuen und Limettenviertel zum Beträufeln dazu reichen.

> Wie alle Meeresfrüchte sind Garnelen rasch verderblich. Daher muss man sie in ihrer Originalverpackung oder, mit Wasser bedeckt in einem dicht schließenden Behälter, im Kühlschrank aufbewahren und innerhalb 24 Stunden verzehren. Was von der Currypaste übrig bleibt, in einem Curry oder einer Suppe verwerten.

Fisch in Rosmarinsalzkruste

Das Garen von Fisch in der Salzkruste hat eine lange Tradition. Dabei gart das Fleisch perfekt, ohne auszutrocknen, und ist erstaunlicherweise am Ende keineswegs extrem salzig. Vielmehr nimmt es nur eine leichte Salznote an – hier kommt noch ein Hauch Rosmarin hinzu –, aber vor allem schmeckt man den Fisch. Es macht riesigen Eindruck, wenn Sie ihr Meisterwerk bei Tisch aus der Salzkruste »meißeln«, doch die Zubereitung selbst ist kinderleicht.

FÜR 4 PERSONEN

Olivenöl für die Form

1 kg Tafelsalz

2 EL gehackter frischer oder getrockneter Rosmarin

60 ml Wasser

1 Ei (für die Salzkruste)

1 ganzer Red Snapper

einige Rosmarinzweige

Zitronenspalten zum Servieren

Rucola, Fenchel, Orange und schwarze Oliven für einen Beilagensalat

Den Backofen auf 200 Grad vorheizen. Eine flache Auflaufform oder ein Blech mit Olivenöl ausstreichen und mit Backpapier auskleiden.

In einer großen Schüssel Salz, Rosmarin, Wasser und Ei gleichmäßig vermengen.

Den Fisch waschen und trocken tupfen. In der Mitte der vorbereiteten Form oder des Blechs eine Lage der Salzmischung verteilen. Den Fisch mit Rosmarinzweigen füllen, auf das Salzbett legen und ringsum etwa 1 cm dick mit der Salzmasse umhüllen; da die Mischung feucht ist, lässt sie sich gut modellieren. Im Ofen 20–25 Minuten backen, bis die Salzkruste goldbraun und hart geworden ist.

Servieren Sie den Fisch, umlegt mit Zitronenspalten, in der Salzkruste und brechen sie diese erst bei Tisch auf; sie lässt sich in großen Stücken abnehmen. Dann den Fisch enthäuten und filetieren und das saftige, aromatische Fleisch genießen.

Dazu passt ein Salat aus Rucola, Fenchel, Orange und Oliven.

Bitten Sie beim Einkauf den Fischhändler, den Fisch zwar auszunehmen und zu putzen, aber nicht die Schuppen zu entfernen. Denn diese bilden einen geschmacklichen Schutz vor dem Salz der Kruste. Der fertig gegarte Fisch bleibt in der Salzhülle eine Weile warm.

Mexikanische Thunfischsteaks

FÜR 2 PERSONEN

Für die Thunfischsteaks
2 Thunfischsteaks je 150 g,
1 cm dick geschnitten
Meersalz, schwarzer Pfeffer
aus der Mühle
Olivenöl extra vergine
1 TL Koriandersamen
2 EL Macadamia- oder Kokosöl
1 TL Butter oder Ghee
abgeriebene Schale und Saft
von 1 Limette (etwas Saft wird für
die Avocado-Salsa verwendet)

Für das Paprikagemüse
3 EL Olivenöl extra vergine
1 rote Zwiebel, in Scheiben
geschnitten
1 rote Paprikaschote, in schmale
Streifen geschnitten
⅔ TL Paprika edelsüß
⅔ TL gemahlener Kreuzkümmel
1 große Knoblauchzehe
1 EL Cidre-Essig
Meersalz, Chiliflocken
2 EL Wasser

Für die Avocado-Salsa
1 große, reife Avocado
2 EL gehackter frischer Koriander
Meersalz
1 EL Limettensaft

Limettensaft und Olivenöl extra
vergine zum Beträufeln

Die Thunfischsteaks waschen und trocken tupfen; leicht salzen und pfeffern und mit etwas Olivenöl beträufeln. Beiseitestellen (sie sollten Raumtemperatur annehmen).

Für das Paprikagemüse das Öl in einer Pfanne erhitzen. Zwiebel und Paprikastreifen darin zugedeckt 5 Minuten dünsten, dabei mehrmals rühren. Paprika, Kreuzkümmel, Knoblauch, Essig, eine Prise Salz, eine kräftige Prise Chiliflocken und das Wasser zugeben, mischen und weitere 4–5 Minuten garen, bis das Gemüse ganz weich und leicht gebräunt ist. Vom Herd nehmen.

Die Koriandersamen im Mörser fein zerstoßen. In einer weiten Pfanne das Macadamia- oder Kokosöl zusammen mit der Butter oder dem Ghee auf hoher Stufe erhitzen. Das Korianderpulver und die abgeriebene Limettenschale einrühren.

Die Thunfischsteaks in die Pfanne legen, dann die Temperatur auf mittlere Stufe reduzieren und die Steaks 2 Minuten garen. Wenden, erneut bei starker Hitze kurz scharf anbraten und dann auf mittlerer Stufe noch 2 Minuten garen. Mit der Hälfte des Limettensafts beträufeln und die Steaks während des Garens immer wieder mit dem Koriander-Limetten-Fond beträufeln. (Je nach gewünschtem Garzustand können die Steaks auch länger oder kürzer gebraten werden.)

Unterdessen das Avocadofruchtfleisch auslösen, fein hacken und mit dem gehackten Koriander, einer Prise Meersalz und dem Limettensaft vermengen. Zum Servieren auf die Thunfischsteaks jeweils etwas Paprikagemüse und Avocado-Salsa geben; restliches Paprikagemüse daneben anrichten. Noch etwas Limettensaft und Olivenöl extra vergine darüberträufeln.

> Achten Sie beim Thunfischkauf auf Fisch, der mit der Rute geangelt wurde, und meiden Sie den besonders bedrohten Blauflossenthunfisch.

Lachsküchlein mit Radieschen-Sellerie-Salsa

*Diese Küchlein sind bei uns zu Hause wie auch bei meinen Lesern sehr beliebt.
Sie können davon also ruhig mehr zubereiten und den Rest für einen Mittagssnack oder ein
Abendessen an einem der folgenden Tage aufbewahren. Lachs liefert wertvolle Omega-3-Fett-
säuren; Süßkartoffeln enthalten viel Beta-Carotin und Vitamin C.*

Den Backofen auf 200 Grad vorheizen. Die Süßkartoffel auf einem kleinen mit Backpapier belegten Blech 30–40 Minuten garen, bis sie durch und durch weich ist. Aus dem Ofen nehmen, halbieren und auskühlen lassen.

Inzwischen in einem Topf etwas Wasser aufkochen. Einige Stücke Orangenschale und das Selleriegrün hinzufügen. Einen Siebeinsatz oder ein Sieb darübersetzen, die Lachssteaks daraufgeben und zugedeckt von jeder Seite 2 Minuten dämpfen, bis das Fleisch hellrosa ist und beinahe zerfällt. Alternativ den Lachs grillen. Auf einer Platte auskühlen lassen.

Die Süßkartoffel schälen und grob zerstampfen oder mit einer Gabel zerdrücken. Die Lachssteaks enthäuten und entgräten, das Fleisch zerpflücken. Mit Süßkartoffel, Erbsen, gehackter Frühlingszwiebel, Zitronenschale, Meersalz und Pfeffer vermischen. Schließlich das Ei und die Tapiokastärke gleichmäßig einarbeiten.

In einer großen Pfanne das Ghee oder Kokosöl stark erhitzen. Mit einem Löffel von der Lachsmasse golfballgroße Portionen abstechen, ins heiße Fett gleiten lassen und zu runden Küchlein flach drücken. Bei mittlerer bis großer Hitze auf jeder Seite 4–5 Minuten goldbraun und knusprig braten. Nicht zu viele Küchlein auf einmal braten und bei Bedarf weiteres Fett in die Pfanne geben.

Unterdessen für die Salsa alle Zutaten in einer Schüssel vermischen. Zu den Fischküchlein servieren.

FÜR 3 PERSONEN

Für die Fischküchlein
1 kleine Süßkartoffel
Selleriegrün und Orangenschale,
von der Salsa beiseitegelegt
2 Lachssteaks
75 g feine Erbsen, frisch
oder tiefgekühlte aufgetaut
2 Frühlingszwiebeln, gehackt
abgeriebene Schale
von 1 unbehandelten Zitrone
⅔ TL Meersalz
schwarzer Pfeffer aus der Mühle
1 Ei
4 EL Tapiokastärke (Tapiokamehl)
2–3 EL Ghee oder Kokosöl

Für die Salsa
200 g Radieschen, fein gewürfelt
1 Stange Sellerie, fein gewürfelt
(Grün für die Küchlein beiseitegelegt)
2–3 Frühlingszwiebeln, fein gehackt
2 EL frisch gepresster Saft einer
unbehandelten Orange (einige
Schalenstücke für die Küchlein beiseitegelegt)
2 EL Zitronensaft
½ TL Sahnemeerrettich
oder geriebener Meerrettich
4 EL Olivenöl extra vergine
⅔ TL Meersalz

Pochierte Knoblauch-Safran-Garnelen auf Salat

Knoblauchgarnelen, in einem Tongefäß brutzelnd heiß serviert, sind in Spanien ein Klassiker. Hier werden sie hingegen bei sanfter Temperatur in aromatisiertem Olivenöl pochiert, dessen Nährstoffe und delikate Aromen so erhalten bleiben.

FÜR 2 PERSONEN

Für die Garnelen

375 ml Olivenöl extra vergine

5 Knoblauchzehen, in grobe Scheiben geschnitten

einige Safranfäden (alternativ etwas gemahlener Safran)

Salz

2 Rispen Kirschtomaten

1–2 EL Balsamicoessig

12–14 frische Riesengarnelen

Für den Salat

Olivenöl extra vergine

2 mittelgroße Zucchini, mit dem Sparschäler in dünne Bänder geschnitten

½ große rote Chilischote

abgeriebene Schale und Saft von 1 unbehandelten Zitrone

1 EL gehackte frische Petersilie

Meersalz, schwarzer Pfeffer aus der Mühle

1 Handvoll gehobelter Parmesan, nach Belieben

In einem mittelgroßen Topf das Olivenöl auf 75–80 Grad erwärmen (mit Kochthermometer messen). Knoblauch, Safran und eine Prise Salz hinzufügen. Vom Herd nehmen und 30 Minuten ziehen lassen.

Den Backofen auf 170 Grad vorheizen. Die Tomatenrispen auf ein kleines Blech legen, mit etwas Olivenöl beträufeln und 30 Minuten im Ofen schmoren. Mit dem Balsamicoessig beträufeln und weitere 10 Minuten braten. Auf dem Blech beiseitestellen. Die Ofentemperatur auf 80 Grad reduzieren.

Die Garnelen bis auf den Schwanzfächer schälen; dem Rücken entlang einschneiden und den dunklen Darmfaden entfernen. Die Garnelen abspülen und beiseitelegen.

Das aromatisierte Öl wieder auf 75–80 Grad erwärmen. Die Garnelen in eine Auflaufform mit hohem Rand legen. Das Öl samt dem Knoblauch darübergeben – die Garnelen sollen vollständig bedeckt sein. Die Form unverschlossen für 10–15 Minuten in den Ofen schieben; nach 5 Minuten die Garnelen wenden.

Inzwischen für den Salat 1 EL Olivenöl in einer Pfanne erhitzen. Die Zucchinibänder mit der Chilischote und der abgeriebenen Zitronenschale 1 Minute durchschwenken, bis sie leicht warm sind. In einer Salatschüssel die Zucchini mit Petersilie, Salz, Pfeffer, Zitronensaft und noch etwas Olivenöl vermischen. Zuletzt einige der Kirschtomaten und, falls verwendet, den Parmesan untermischen.

Die Garnelen behutsam aus dem Öl heben. Zusammen mit den butterweichen Knoblauchscheibchen und den restlichen Tomaten am Zweig auf dem Salat anrichten.

Chili-Schokoladen-Mousse

*Wann immer ich Gästen diese ei- und milchproduktefreie Mousse serviere,
lasse ich sie raten, was sonst drin sein könnte. »Avocado? Unmöglich!«, heißt es am Ende stets
ungläubig. »Kaum zu glauben, dass etwas so Gesundes derart lecker sein kann!«
Dieses Dessert, das mit entzündungshemmenden Substanzen, Antioxidantien und gesunden
Fetten in Hülle und Fülle aufwartet, ist im Nu zubereitet, auch für spontane Gäste.*

FÜR 4 PERSONEN

1 große, reife Avocado
1½ reife Bananen
6 EL rohes Kakaopulver
3 EL Kokoscreme (oder die obere,
cremige Schicht aus der Dose)
½ Vanilleschote, Mark ausgekratzt
2 EL Kokosblütenzucker, Naturhonig
oder Ahornsirup
Meersalz
½ TL Chiliflocken
dunkle Schokoraspel, Himbeeren und
Chiliflocken zum Dekorieren

Die Avocado halbieren und entsteinen; das Fruchtfleisch
mit einem Löffel aus der Schale lösen. Mit den zerkleinerten
Bananen und dem Kakaopulver in Mixer oder Blitzhacker
zu einer glatten Creme pürieren. In eine große Schüssel
füllen.

Kokoscreme, Vanillemark und Süßungsmittel nach Wahl in
die Schüssel geben und alles mit den Quirlen des Hand-
rührgeräts zu einer luftigen Masse aufschlagen. Eine Prise
Meersalz und die Chiliflocken gleichmäßig untermischen.

Die Mousse ist gleich servierbereit. Besser schmeckt
sie jedoch, wenn man sie vorher etwa 1 Stunde kühlt (am
besten gleich in Tassen, Becherförmchen oder kleine
Dessertschalen gefüllt). Vor dem Servieren mit dunklen
Schokoraspeln sowie Himbeeren dekorieren und noch
eine Prise Chiliflocken darüberstreuen.

Rohes Kakaopulver liefert mehr Antioxidantien als Blau-
beeren, Rotwein oder grüner Tee; ersatzweise kann hier
geschmolzene dunkle Schokolade verwendet werden.
Um den Kohlenhydratgehalt zu verringern, können die
Bananen zum Teil durch zusätzliche Avocado und
Kokoscreme ersetzt werden.

Macadamiakekse

Auf den ersten Blick mögen sie an die klassischen amerikanischen Cookies denken lassen. Gemahlene Mandeln verleihen diesem Gebäck jedoch eine weichere, feuchtere und mürbere Konsistenz. Daher bezeichne ich sie auch als »cakies« oder »Küchlein«.

ERGIBT 12–15 PLÄTZCHEN

100 g Macadamianüsse

2 Eier

5 EL Kokosöl, geschmolzen

3 EL Naturhonig

1 EL Vanilleextrakt

150 g gemahlene Mandeln

2½ EL Tapiokastärke (Tapiokamehl)

¾ TL gemahlener Zimt

Salz

⅓ TL glutenfreies Backpulver

Die Macadamianüsse etwas zerkleinern – gut funktioniert das, indem man sie in einen Plastikbeutel füllt und dann einige Male mit einem Rollholz daraufklopft.

In einer Schüssel Eier, flüssiges Kokosöl, Honig und Vanilleextrakt mit einem Schneebesen gut verrühren. Gemahlene Mandeln, Tapiokastärke, Zimt und eine Prise Salz untermischen. Das Backpulver darüberstreuen und gründlich einrühren. Zuletzt drei Viertel der Macadamianüsse unter den Teig mischen. Diesen 5 Minuten kühl stellen.

Den Backofen auf 180 Grad vorheizen. Den Teig in einen Spritzbeutel füllen (Sie können auch improvisieren und aus Backpapier eine Tüte drehen oder von einem Gefrierbeutel eine der unteren Ecken abschneiden).

Ein Blech mit einer doppelten Lage Backpapier auslegen. Den Teig in etwas mehr als walnussgroßen Portionen und in Abständen von 2 cm auf das Blech spritzen. Die restlichen Nussstücke auf den Teighäufchen verteilen und diese mit den Fingern oder mit einem Spatel etwas flach drücken.

Die Küchlein im Ofen 15 Minuten backen. Herausnehmen und vor dem Servieren 5–10 Minuten abkühlen lassen. Vollständig ausgekühlt, halten sie sich luftdicht verschlossen und kühl gelagert 3–4 Tage.

Honigsüßer Schokokuchen mit Himbeeren

Dieser Schokokuchen punktet mit reichlich Antioxidantien aus dem rohen Kakaopulver und den Himbeeren. Genuss ohne Reue also? Nun ja, es sind auch eine Menge Mandeln – und mithin Omega-6-Fettsäuren in nicht unerheblichem Maße – sowie eine ordentliche Portion Honig enthalten. Gönnen Sie sich diesen üppigen Kuchen also nur zu besonderen Anlässen.

FÜR 10 PERSONEN

Kokosöl für die Form
60 g rohes Kakaopulver (ersatzweise Kakaopulver zum Backen)
225 g Naturhonig
185 ml Kokosöl, geschmolzen
2 EL Portwein oder trockener Sherry
125 ml Wasser
4 Eier, getrennt
225 g gemahlene Mandeln
70 g Himbeeren, frisch oder tiefgefrorene aufgetaut
1 TL glutenfreies Backpulver
Meersalz
frische Himbeeren und getrocknete Kokosraspel zum Dekorieren

Sie können das Kakaopulver durch geschmolzene dunkle Schokolade und den Honig durch grünes Steviapulver oder Kokosblütensirup (dosiert entsprechend der jeweiligen Süßkraft) ersetzen.

Den Backofen auf 170 Grad vorheizen. Eine runde Backform von 22 cm Durchmesser dünn mit Kokosöl ausstreichen und mit Backpapier auskleiden.

In einer Schüssel Kakaopulver, Honig, Kokosöl, Portwein oder Sherry sowie Wasser mit einem Schneebesen gründlich verrühren.

Die Eigelbe in einer zweiten Schüssel mit einem Schneebesen zu einer dicken, glänzenden Creme schlagen. Die Kakaomischung, die gemahlenen Mandeln und Himbeeren unterheben. Das Backpulver gleichmäßig darübersieben und untermischen.

In einer sauberen, trockenen Schüssel die Eiweiße mit einer Prise Salz mit dem Handrührgerät aufschlagen, bis beim Herausziehen der Quirle weiche Spitzen stehen bleiben. Einen Teil des Eischnees mit einem Löffel behutsam, aber gründlich unter den Teig heben. Den restlichen Eischnee vorsichtig unterziehen, bis er gerade gleichmäßig verteilt ist.

Den Teig in die vorbereitete Form füllen. Im Ofen etwa 40 Minuten backen – der Kuchen ist gar, wenn ein in der Mitte eingestochener Holzspieß sauber wieder herauskommt. Den Kuchen aus dem Ofen nehmen, in der Form vollständig auskühlen lassen, dann aus der Form lösen. Auf eine Servierplatte geben und mit frischen Himbeeren sowie Kokosraspeln dekorieren. Nach Belieben mit etwas Kokoscreme oder Crème double genießen.

Ricotta-Käsekuchen
mit gegrillten Pfirsichen

Dieser Kuchen mit seinem leichten, luftigen Teig und den saftig-säuerlichen Pfirsichspalten darauf schmeckt einfach himmlisch. Viel Eiweiß, Calcium und Vitamin C gehören ebenso zu seinen Vorzügen wie die Tatsache, dass Ricotta, der zu den Molkenkäsen zählt, kaum noch Protein in Form von Kasein enthält. Wer dennoch strikt Milchprodukte meidet, hat hier leider das Nachsehen.

FÜR 8 PERSONEN

Kokosöl für die Form und das Blech
625 g frischer Ricotta
7 EL grünes Steviapulver
1 EL Tapiokastärke (Tapiokamehl) oder andere Speisestärke
1 TL Vanilleextrakt oder das Mark von 1 Vanilleschote
4 Eier, getrennt
5 EL Kokoscreme (oder die obere, cremige Schicht aus der Dose)
3–4 große reife Pfirsiche
1–2 EL Kokosblütenzucker
1 EL gemahlener Zimt
frische Beeren und Basilikumblätter zum Dekorieren

> Statt Stevia können Sie zum Süßen auch Kokosblütensirup oder Naturhonig wählen. Anstelle von Pfirsichen eignen sich als Belag ebenso frische Beeren, Kiwis, Mango oder frische Feigen, beträufelt mit etwas Honig und Zitrone.

Den Backofen auf 160 Grad vorheizen. Eine Kuchenform von etwa 22 cm Durchmesser dünn mit geschmolzenem Kokosöl ausstreichen und mit Backpapier auskleiden.

In einer Schüssel den Ricotta mit Steviapulver, Tapiokastärke, Vanilleextrakt, Eigelben und Kokoscreme glatt rühren. In einer zweiten sauberen, trockenen Schüssel die Eiweiße zu steifem Schnee schlagen. Den Eischnee unter die Ricottamischung heben. Die Masse in die vorbereitete Form füllen und im Ofen 50–60 Minuten backen, bis sie oben leicht gebräunt ist.

Inzwischen die Pfirsiche entsteinen und in gleichmäßige Spalten schneiden. Ein Blech fetten, mit Backpapier belegen und die Pfirsichspalten darauf verteilen. Gleichmäßig mit Kokosblütenzucker und Zimt bestreuen. Wenn der Käsekuchen nach 25–30 Minuten zur Hälfte gegart ist, das Blech mit den Pfirsichen auf der unteren Schiene in den Ofen schieben und mitbacken.

Den Kuchenboden aus dem Ofen nehmen und auskühlen lassen; dabei fällt er etwas zusammen. Das Blech mit den Pfirsichspalten nun in der oberen Ofenhälfte einschieben, die Temperatur auf 220 Grad erhöhen und die Pfirsiche etwa 10 Minuten karamellisieren.

Die Pfirsichspalten von der Mitte nach außen spiralförmig auf den Kuchenboden legen. Den Kuchen mit frischen Beeren und Basilikumblättern dekorieren.

Mango-Brombeer-
Baiser-Rolle

Man nehme köstliche Zutaten und packe sie in eine nicht minder köstliche Hülle.
Mit meiner Paleoversion der klassischen Baiser-Rolle hatte ich gleich bei der Premiere einen
großen »Publikumserfolg«. Sie erfordert kein großes Können und lässt außerdem
bei der Füllung viel Raum für Variationen. So würden sich auch Erdbeeren und geschmolzene
dunkle Schokolade oder Pfirsiche, geröstete Mandelblättchen und ein wenig
Amaretto-Likör herrlich in der sahnigen Creme machen.

FÜR 6 PERSONEN

Für die Baisermasse
Kokosöl für das Backblech
5 Eiweiß
Salz
6 TL grünes Steviapulver
2 TL Tapiokastärke (Tapiokamehl)
2 TL Weißweinessig oder Cidre-Essig
1 TL Vanilleextrakt

Für die Füllung
1 Handvoll Kokoschips
1 Dose à 400 ml Kokoscreme
4 EL Crème double (oder stattdessen
1 Dose Kokoscreme zusätzlich)
2–3 TL Steviapulver oder ein anderes
natürliches Süßungsmittel
1 Mango, Fruchtfleisch gewürfelt
130 g Brombeeren oder andere
Beeren
getrocknete Kokosraspel
zum Servieren

Den Backofen auf 160 Grad vorheizen. Ein Backblech fetten und mit Backpapier auslegen.

Die Eiweiße mit einer Prise Salz aufschlagen, bis weiche Spitzen stehen bleiben. Das Steviapulver jeweils teelöffelweise einzeln gründlich unterrühren. Tapiokastärke, Essig und Vanilleextrakt hinzufügen und mit dem Schneebesen gleichmäßig untermischen.

Die Baisermasse auf dem vorbereiteten Blech zu einem Rechteck glatt ausstreichen. Im Ofen 20–25 Minuten backen, bis sie fest geworden und zart gebräunt ist. Herausnehmen und vollständig auskühlen lassen. Inzwischen die Kokoschips im Ofen bei 160 Grad etwa 2 Minuten goldgelb rösten.

Ein Stück Backpapier auf der Arbeitsfläche ausbreiten. Die Baiserplatte daraufstürzen und das nun oben liegende Papier abziehen.

Von der Kokoscreme die obere dicke, cremige Schicht abnehmen und in eine Schüssel geben. Mit der Crème double und dem Steviapulver zu einer glatten Creme schlagen. Auf der Baiserplatte verstreichen, dabei die Ränder frei lassen. Die Hälfte der Mangowürfel und Beeren sowie die gerösteten Kokoschips darauf verteilen. Die Baiserplatte mithilfe der Papierunterlage vorsichtig aufrollen. In Frischhaltefolie einschlagen und 30–60 Minuten kühl stellen. Vor dem Servieren mit Kokosraspeln bestreuen; mit dem Rest der Mangowürfel und Beeren anrichten.

Bananenmuffins mit Erdbeerbutter

Glauben Sie mir: Diese Muffins duften und schmecken traumhaft. Sie halten sich einige Tage frisch und schmecken auch Kindern gut. Natürlich könnte man auch normale Butter auf die Muffins geben. Mit der ebenso köstlichen wie supereinfachen Erdbeerbutter werden sie aber endgültig zu einem unwiderstehlichen Genuss.

FÜR 6–8 PERSONEN

Kokos- oder Olivenöl für die Form
120 g gemahlene Mandeln
50 g Kokosmehl
60 g Tapiokastärke (Tapiokamehl)
2 TL Backpulver
¼ TL Natron
1½ reife Bananen, zerdrückt
1 TL gemahlener Zimt
1 Prise gemahlene Muskatnuss
½ Vanilleschote, Mark ausgekratzt,
oder 1 TL Vanilleextrakt
1 Ei
125 ml Kokosmilch
3 EL Naturhonig
½ Banane, in Scheiben geschnitten
Erdbeerbutter (siehe Seite 196)
zum Servieren

Den Backofen auf 200 Grad vorheizen. 6–8 Mulden einer Muffinform dünn mit Kokos- oder Olivenöl ausstreichen.

Gemahlene Mandeln, Kokosmehl, Tapiokastärke, Backpulver und Natron gründlich vermengen. Zerdrückte Bananen, Gewürze, Ei, Kokosmilch und Honig hinzufügen. Alles mit dem Handrührgerät gleichmäßig vermischen. Zuletzt die Bananenscheiben unterheben.

Den Teig auf die Mulden der Muffinform verteilen. Die Muffins im Ofen 15–17 Minuten backen, bis sie locker aufgegangen und goldbraun sind. Mit etwas Erdbeerbutter darauf servieren.

Dieses Rezept funktioniert auch ganz ohne Ei; nehmen Sie stattdessen einfach etwas mehr Kokosmilch. Die Muffins luftdicht verschlossen aufbewahren oder in Frischhaltefolie gewickelt im Kühlschrank lagern.

Granita von
Blutorangen und Erdbeeren

*Die aus Süditalien stammende Granita ist eine gefrorene Eisspeise,
die sich mühelos zu Hause zubereiten lässt. Wenn Sie mit der Grundmethode und den geeigneten
Mengenverhältnissen vertraut sind, können Sie mit frischen Fruchtsäften, Tee und Kaffee eigene
Geschmackskombinationen kreieren. Mit Kokosmilch als Zusatz entsteht eine cremigere Granita.
Auch herzhafte Versionen mit Tomaten-, Karotten- oder Rote-Bete-Saft sind möglich.*

FÜR 3–4 PERSONEN

Saft von 3 Blutorangen
abgeriebene Schale
von 1 unbehandelten Blutorange
10 Erdbeeren, geputzt
300 ml Wasser
Saft von ½ Limette (etwa 1 EL)
1 EL grünes Steviapulver
1 Spritzer Vanilleextrakt
oder etwas Vanillemark
zum Servieren weitere Erdbeeren
und 1 unbehandelte Blutorange

Alle Zutaten in einen Topf geben. Einmal aufkochen und
bei verminderter Hitze 2–3 Minuten köcheln lassen. Vom
Herd nehmen und auf Raumtemperatur abkühlen lassen.

Den Topfinhalt im Mixer pürieren. Die Masse in ein flaches
gefriertaugliches Gefäß gießen. Mit Frischhaltefolie abdecken und im Tiefkühlfach vollständig gefrieren lassen. Vor
dem Servieren etwas antauen lassen, dann die Masse mit
einer Gabel auflockern. Die Granita auf einzelne Gläser verteilen. Mit Erdbeeren und Blutorangenscheiben garnieren.

Anstelle von Blutorangen können Sie ebenso Blond-
orangen verwenden.

Vorschläge für Granita-Variationen

Apfelsaft, Limettensaft und frische Minze
Amarettolikör und Zitronensaft
Schwarzer Kaffee, Vanille und Ahornsirup
Tomate, Zitrone, Chili und Meersalz
Blaubeeren, Rote Bete und Basilikum
Karotte, Ingwer, Zitrone und Honig

Doppeldecker-Biskuitschnittchen

*Hier präsentiere ich Ihnen die klassischen australischen »Lamingtons«
in einer Paleo-freundlichen Version. Im Aussehen, Duft und Geschmack sind sie dem
Original sehr ähnlich, nur ist der Teig etwas fester und saftiger.*

ERGIBT 16 STÜCK

Für den Biskuit
Olivenöl für das Blech
140 g Kokosöl
4 EL Honig oder 2½ EL grünes
Steviapulver
1 TL Vanilleextrakt
3 Eier
1 TL glutenfreies Backpulver
oder Natron
60 g Tapiokamehl (Tapiokastärke)
100 g gemahlene Mandeln

Für die Kakao-Kokos-Glasur
160 ml Kokosöl
40 g Kakaopulver
1 TL Vanilleextrakt
3 EL Kokosmilch oder Mandelmilch
2 EL Ahornsirup oder 1 EL grünes
Steviapulver
140 g getrocknete, ungesüßte
Kokosraspel

Den Backofen auf 165 Grad vorheizen. Ein Backblech (etwa 20 x 30 cm groß, 2 cm hoch) mit Olivenöl ausstreichen und mit Backpapier auskleiden.

Kokosöl und Honig oder Stevia zusammen mit dem Vanilleextrakt erhitzen, bis die Zutaten flüssig sind; alles mit einem Schneebesen gründlich verrühren.

Die Eier mit dem Handrührgerät 5 Minuten dick schaumig aufschlagen. Langsam die Kokosölmischung dazugießen und dabei ständig weiter schlagen. Backpulver, Tapioka-mehl und gemahlene Mandeln hinzufügen und mit einem Schneebesen oder Teigspatel etwa 15 Sekunden gleich-mäßig unterziehen.

Die Masse in das vorbereitete Blech füllen und glatt streichen. Im vorgeheizten Ofen 20 Minuten backen, dann die Stäbchenprobe machen: An einem in der Mitte einge-stochenen Holzspieß darf beim Herausziehen kein Teig mehr kleben. Den Biskuit auf ein Kuchengitter stürzen und vollständig auskühlen lassen. Das Papier abziehen. Die Teigränder glatt schneiden und die Teigplatte in vier gleich breite Streifen schneiden.

Für die Glasur in einer Schüssel Kokosöl, Kakaopulver, Vanilleextrakt, Kokos- oder Mandelmilch und Ahornsirup oder Stevia mit einem Schneebesen 1 Minute lang gründ-lich verrühren. Die Kokosraspel auf einer Platte verteilen.

Die Biskuitstreifen auf einer Seite dünn mit Kakaoglasur bestreichen. Jeweils zwei Streifen mit der bestrichenen Seite nach innen aufeinanderlegen. Dann die Streifen quer in gleich große Stücke schneiden.

Die Biskuitschnittchen mithilfe zweier Gabeln in der Kakaoglasur wenden, sodass sie gleichmäßig dünn damit überzogen sind; danach in den Kokosraspeln wälzen. Auf einem Kuchengitter 1–2 Stunden trocknen lassen. Falls die Glasur während der Verarbeitung zu fest wird, 1–2 EL heißes Wasser dazugeben und mit dem Schneebesen energisch einrühren.

Kirschmakronen

Makronen sind ein weites Feld. Zum einen gibt es die französischen Macarons, ein hauchzartes, doppellagiges Baisergebäck, perfekt geformt und auf unterschiedliche Weise gefüllt. Und dann sind da die rustikaleren Makronen, kuppelförmig und mit ausgefransten Rändern, die viele von uns von Bäckereibesuchen in der Kindheit in Erinnerung haben. Beide Varianten basieren auf Eiweiß als Grundzutat, und beide sind auf ihre Weise lecker. Aber während für Macarons ein kompliziertes Rezept zu befolgen ist, das viel Zeit, Geduld und Geschick erfordert, sind diese hier ganz unproblematisch.

ERGIBT 16 MAKRONEN

Olivenöl für das Blech
3 Eiweiß
Salz
1 Prise Weinsteinpulver
einige Tropfen Weißweinessig
2 EL Kokosblütensirup oder anderes
natürliches Süßungsmittel
1 TL Rosenblütenwasser
60 g gemahlene Mandeln
140 g getrocknete, ungesüßte
Kokosraspel
170 g entsteinte Kirschen,
grob gehackt

Den Backofen auf 170 Grad vorheizen. Ein Blech dünn mit Olivenöl einstreichen und mit Backpapier auslegen.

Die Eiweiße mit einer Prise Salz aufschlagen, bis weiche Spitzen stehen bleiben. Weinsteinpulver, Essig, Kokosblütensirup und Rosenblütenwasser hinzufügen und weiter schlagen, bis eine glänzende Baisermasse entstanden ist. Gemahlene Mandeln, Kokosraspel und Kirschen gleichmäßig unterziehen.

Von der Masse mit einem Teelöffel walnussgroße Portionen abnehmen und auf das vorbereitete Blech gleiten lassen; die Abstände zwischen den Häufchen müssen mindestens 1 cm betragen. Im vorgeheizten Ofen 15–17 Minuten backen, bis die Makronen locker aufgegangen und goldbraun sind. Vor dem Genießen auskühlen lassen.

Weinsteinpulver – oder wissenschaftlich Kaliumhydrogentartrat – entsteht als Nebenprodukt bei der Weinbereitung. Das weiße, säuerlich schmeckende Pulver wird zusammen mit Natron als Triebmittel beim Backen eingesetzt. Man verwendet es außerdem, um Eischnee mehr Standfestigkeit und Volumen zu verleihen. Weißweinessig erfüllt denselben Zweck. Rosenblütenwasser finden Sie in der Backabteilung gut sortierter Supermärkte. Es kann auch ganz entfallen, wenn Sie das Aroma nicht mögen.

Würziges Rhabarberkompott

Ein blitzschnelles und kinderleichtes Dessert, das dem Organismus dank des Rhabarbers viel Vitamin C und dank des Joghurts wertvolles Calcium liefert. Ein Alternativvorschlag für all jene, die Milchprodukte meiden: den griechischen Joghurt durch etwas Kokoscreme oder Kokosjoghurt ersetzen.

FÜR 4–5 PERSONEN

250 g gewürfelter rotstieliger Rhabarber
120 g gewürfelte reife Ananas
Saft von 1 Orange
½ TL chinesisches Fünf-Gewürze-Pulver
2 EL Naturhonig
2 EL Wasser

Zum Servieren
4 EL Mandelblättchen
8 EL griechischer Naturjoghurt (Vollfettstufe)

Die Fruchtstücke mit den übrigen Zutaten in einen Topf geben. Alles zum Köcheln bringen. Dann die Temperatur auf niedrige Stufe reduzieren und die Fruchtstücke 10–15 Minuten weich dünsten.

Inzwischen die Mandelblättchen in einer Pfanne oder im vorgeheizten Backofen bei 160 Grad etwa 5 Minuten goldgelb rösten.

Das Kompott noch warm mit etwas Joghurt und den gerösteten Mandeln servieren. (Statt der Mandeln können Sie auch auf andere Samen oder Nüsse ausweichen.)

Eine Anleitung für hausgemachten Kokosjoghurt finden Sie auf Seite 184.

Orangen-Rumkugeln

Mit diesen verführerischen Rumkugeln lässt sich guten Gewissens sündigen.
Als kleiner Pausensnack füllen sie den Energiespeicher wieder auf und machen sich daher auch
bestens in der Lunchbox. Obendrein sind sie ganz einfach herzustellen – ohne Kochen
oder Backen –, und Kinder können dabei gut mit anpacken.

ERGIBT 20 KUGELN

120 g gemahlene Mandeln
oder Haselnüsse
2 EL dunkler Rum
6 EL Kokosöl
3 EL Kakaopulver
2 EL Ahornsirup oder Naturhonig
80 g Sultaninen
abgeriebene Schale
von 2 unbehandelten Orangen
40 g getrocknete Kokosraspel
zum Fertigstellen getrocknete
Kokosraspel und Kakaopulver

Alle Zutaten im Blitzhacker fein zerkleinern und durchmischen, bis eine zusammenhängende dicke, zähe Masse entstanden ist, die sich vom Gefäßrand löst.

Zwischen den Handflächen zu kleinen Kugeln rollen (das enthaltene Kokosöl sorgt dafür, dass die Masse nicht an den Händen klebt). Die fertigen Rumkugeln in Kokosraspeln und Kakaopulver wälzen. Auf eine Platte legen und mit Frischhaltefolie abgedeckt kühl stellen.

Backfreie Energiekugeln

ERGIBT 8–10 BÄLLCHEN

80 g geschälte Mandeln
70 g Paranusskerne
500 ml Wasser
1 EL Zitronensaft
70 g Sonnenblumenkerne
1 TL fein abgeriebene Schale von
1 unbehandelten Orange oder Zitrone
1 TL Vanilleextrakt
5–6 Datteln, gehackt
1½ EL rohes Kakaopulver
1½ EL Naturhonig
2 EL Kokosöl
1 EL Chiasamen

Mandeln und Paranüsse mit dem Wasser und Zitronensaft bedeckt 4–6 Stunden einweichen (dabei wird die enthaltene Phytinsäure teils neutralisiert, sodass sie bekömmlicher werden). Danach die Mandeln und Nüsse gründlich abspülen.

Sämtliche Zutaten außer den Chiasamen im Blitzhacker zu einer glatten, dicken Masse pürieren. In eine Schüssel füllen und die Chiasamen untermischen. Esslöffelgroße Portionen der Masse mit den Händen zu Kugeln rollen. Nach Belieben in Kokosraspeln oder in zusätzlichem rohem Kakaopulver wälzen.

Die Kugeln luftdicht verschlossen einige Stunden im Kühlschrank fest werden lassen. Gekühlt halten sie sich bis zu 1 Woche.

RATZFATZ

Gefüllte Eier Kedgeree-Art

Die britischen Kolonialherren in Indien aßen morgens gern »Kedgeree«.
Bis heute findet sich dieses traditionelle Frühstück auf der Speisekarte mancher Cafés.
Gewöhnlich wird es aus Reis, Räucherfisch, hartgekochten Eiern, Currypulver
und Kräutern zubereitet. Ich habe das Ganze – ohne den Reis – neu gestrickt.

ERGIBT 10–12 EIHÄLFTEN

6 Eier
⅓ Räucherforelle mittlerer Größe
3 EL Kokosöl
½ Zwiebel, fein gewürfelt
1 TL Ghee
1 TL Currypulver
1 EL Zitronensaft
2 EL Mayonnaise (siehe Seite 193)
Salz, Pfeffer aus der Mühle
etwas frischer Dill zum Servieren

Ganze Räucherforelle bekommen Sie beim Fischhändler und in gut sortierten Supermärkten. Die Reste davon schmecken gut in einem Salat, zu Rührei oder mit Selleriemoulade (siehe Seite 166). Mit Frischhaltefolie abgedeckt oder in einem dicht schließenden Behälter bleiben die gefüllten Eier im Kühlschrank einige Tage frisch.

In einem mittelgroßen Topf Wasser sprudelnd aufkochen lassen und die Eier vorsichtig hineingeben. Behutsam herumschwenken, damit die Dotter in der Mitte bleiben. Die Eier 10–12 Minuten hart kochen. Abgießen und kalt abschrecken.

Die Forelle enthäuten, filetieren und entgräten. Die dickeren Filetabschnitte – es sollte etwa 1 Handvoll ergeben – fein zerpflücken. In einer mittelgroßen Pfanne das Kokosöl erhitzen. Das Forellenfleisch 5–7 Minuten knusprig und goldbraun braten, dabei nach Bedarf weiter zerpflücken. Auf Küchenpapier entfetten.

Die Zwiebelwürfel im Ghee auf mittlerer Stufe etwa 8 Minuten weich und goldgelb dünsten. Das Currypulver gründlich untermischen.

Die Eier vorsichtig schälen und längs halbieren. Die Eigelbe herauslösen und in eine Schüssel geben; mit der Zwiebel, 2 EL des gebratenen Forellenfleischs, dem Zitronensaft, 1 TL Mayonnaise sowie je einer Prise Salz und Pfeffer gut vermischen.

Die Eierhälften mit der Eigelbmasse füllen. Jeweils einen Klecks Mayonnaise und etwas gebratene Forelle daraufgeben. Mit gehacktem frischem Dill garnieren.

Birnen-Carpaccio mit Walnüssen

In diesem Rezept beweisen Birnen und Walnüsse, wie wundervoll sie harmonieren. Pecorino ist als Schafmilchkäse eine gute Alternative für viele, die Kuhmilch nicht vertragen. Hier liefert er einen reizvollen salzigen Kontrast zur Süße der Birnen. Er kann aber auch weggelassen werden.

FÜR 2 PERSONEN ALS VORSPEISE

2 Williamsbirnen, reif, aber noch fest
Saft von ¼ Zitrone
etwas gehobelter Pecorino
einige Walnusshälften,
grob zerkleinert
wilder Rucola oder Blattsenf

Für das Dressing
4–5 Walnusskerne
1 kleine Knoblauchzehe
2 EL Macadamiaöl oder Olivenöl
extra vergine
1 EL Weißweinessig
Meersalz

Die Birnen in hauchdünne Scheiben hobeln. Sogleich mit etwas Zitronensaft einreiben, damit die Scheiben nicht braun anlaufen. Auf einer großen Platte leicht überlappend anrichten.

Für das Dressing die Walnüsse und den Knoblauch im Mörser zu einer Paste verarbeiten. Öl, Essig und Salz untermischen.

Die Birnen mit dem Dressing beträufeln und mit einigen Walnusstücken bestreuen. Zuletzt etwas wilde Rauke oder Blattsenf (ersatzweise herkömmlicher Rucola oder zarten Spinat) darauf anrichten; mit Zitronensaft und Olivenöl beträufeln.

> Wilder Rucola (Rauke) und Blattsenf kitzeln den Gaumen mit ihrer Schärfe. Alternativ nehmen Sie normalen Rucola oder zarten Spinat.

Spinat-Tahin-Dip

ERGIBT 250 ML

1 EL Olivenöl extra vergine
5 Handvoll Spinat, gehackt
2 Knoblauchzehen, grob gehackt
2 EL Zitronensaft
2½ EL Tahin (Sesammus)
30 g Macadamianüsse
⅔ TL Salz
schwarzer Pfeffer aus der Mühle

In einem weiten, flachen Topf das Olivenöl erhitzen. Den Spinat mit dem Knoblauch hineingeben und 1–2 Minuten zusammenfallen lassen. Auf einer großen Platte verteilen, mit dem Zitronensaft beträufeln und auskühlen lassen. Den Spinat im Mixer oder Blitzhacker zusammen mit Tahin und Macadamianüssen, Salz und Pfeffer zu einer gleichmäßigen, cremigen Masse verarbeiten. Als Dip zu Gemüserohkost oder als Beigabe zu Fisch oder Hähnchen servieren.

Würzige Grünkohlchips

Grünkohlchips sind quasi das Popcorn der Paleowelt. Mit seinem Gehalt an Eisen, Calcium und Vitamin C ist Grünkohl unglaublich gesund, und er lässt sich im Handumdrehen in leckere Chips verwandeln. Diese müssen unverzüglich gegessen werden, sonst verlieren sie ihre knusprige Textur.

FÜR 2 PERSONEN

10 Blätter Grünkohl mit Stiel
1½ EL Olivenöl extra vergine
1 TL Paprikapulver
½ TL gemahlener Koriander
⅔ TL gemahlener Kreuzkümmel
1 TL Meersalz

Den Backofen auf 170 Grad vorheizen.

Die Grünkohlblätter von den Stielen trennen und mit einer Schere in 2–3 cm große Stücke schneiden oder mit den Händen zerpflücken. Waschen und trocken schleudern oder mit Küchenpapier trocken tupfen. Den Grünkohl mit dem Olivenöl, den Gewürzen und dem Meersalz gleichmäßig vermischen.

Auf einem Blech locker verteilen und im Ofen 12–15 Minuten backen; etwa alle 5 Minuten durchmischen, damit die Blattstücke gleichmäßig trocknen und bräunen, ohne zu verbrennen.

Geröstete Blumenkohlröschen

FÜR 2–4 PERSONEN ALS SNACK

3 EL Olivenöl extra vergine
2 Knoblauchzehen, fein gewürfelt
½ große rote Chilischote,
fein gewürfelt
½ TL gemahlene Kurkuma
⅔ TL Knoblauchpulver
½ TL Paprikapulver
½ TL gemahlener Koriander
2 EL Rotweinessig
1 Blumenkohl, in kleine Röschen
zerteilt

Den Backofen auf 180 Grad vorheizen.

Alle Zutaten außer den Blumenkohlröschen in einer Schüssel vermischen. Die Blumenkohlröschen dazugeben und durchmischen, bis alle gleichmäßig mit der Würzmischung überzogen sind. Auf einem Backblech verteilen. Im vorgeheizten Ofen 25–30 Minuten rösten, bis die Röschen leicht gebräunt sind; nach der Hälfte der Zeit durchmischen.

Gebratener Spargel in Schinkenhülle

ERGIBT 12 STÜCK

12 grüne Spargelstangen,
gewaschen und von holzigen Enden
befreit
6 Scheiben Rohschinken,
längs halbiert
Ghee

Die Rohschinkenstreifen schräg auf ein Schneidebrett legen. Jeweils eine Spargelstange darauf platzieren, das untere Ende des Schinkenstreifens um die Spargelstange legen und einschlagen und diese spiralförmig mit dem Schinkenstreifen umwickeln. Der Rohschinken umhüllt so die gesamte Spargelstange. (Falls hier und da etwas vom Spargel hervorschaut, macht das nichts.)

In einer weiten, flachen Pfanne etwas Ghee erhitzen. Die Spargelstangen auf jeder Seite 1–2 Minuten braten, bis der Schinken braun und knusprig ist.

Rauchige Austernpilze

*Austernpilze haben an sich schon eine fleischige Konsistenz. Dazu gewinnen sie
hier beim Braten noch eine hinreißende Umami-Note. Lecker einfach so, auf Salaten, Eintöpfen
oder Gemüsegerichten.*

FÜR 2 PERSONEN

150 g Austernpilze, mundgerecht
zerpflückt
2 EL Olivenöl extra vergine
½ TL Knoblauchpulver
½ TL gemahlener Kreuzkümmel
½ TL Paprika geräuchert
1 kräftige Prise Salz

Den Backofen auf 170 Grad vorheizen.

Die Pilze mit dem Öl und den Gewürzen vermischen.
Locker auf einem mit Backpapier ausgelegten Blech verteilen. Im Ofen braten, bis sie nach 20–25 Minuten knusprig
und goldbraun sind.

Roastbeef-Röllchen
mit Sellerieremoulade

*Diese unkomplizierten Röllchen machen sich gut als Vorspeise oder in der Lunchbox.
Das fertig aufgeschnittene Roastbeef bekommen Sie beim Metzger oder im Supermarkt;
die Mayonnaise können Sie nach dem Rezept auf Seite 193 selbst anrühren.*

ERGIBT 6 RÖLLCHEN

½ Knollensellerie, geschält, in
streichholzdünne Stifte geschnitten
1 TL geriebener Meerrettich
1 EL Mayonnaise
1 EL Zitronensaft
1 Prise Pfeffer aus der Mühle
2 EL gehackte Frühlingszwiebel
1 EL gehackte frische Petersilie
6 Scheiben Roastbeef, rosa gebraten

Den Sellerie mit allen übrigen Zutaten außer dem Roastbeef gründlich vermengen.

Die Roastbeef-Scheiben längs auf der Arbeitsfläche
auslegen. Auf dem unteren Drittel jeweils eine Portion der
Sellerieremoulade verstreichen und die Scheiben fest aufrollen. Nach Belieben mit Zahnstochern fixieren.

Knuspriger Halloumi
mit Orangen-Vanille-Sauce

Eine wunderbare Geschmackssymphonie aus salzigen, süßen und feinen Säurenoten.

FÜR 3–4 PERSONEN ALS VORSPEISE

Saft von 2 Orangen
1 EL Zitronensaft
Schalenstreifen von 1 unbehandelten Orange
½ Vanilleschote, längs aufgeschlitzt
⅔ TL Naturhonig
Ghee oder Kokosöl
250 g Halloumi-Käse
einige Orangenscheiben, Minzblätter und Pistazienkerne

Orangen- und Zitronensaft mit Orangenschale, Vanilleschote und Honig in einem Topf erhitzen und 15 Minuten zu einem Sirup einköcheln lassen. Die kandierten Schalen herausnehmen und in Stifte schneiden.

Etwas Ghee oder Kokosöl kräftig erhitzen. Den Halloumi in Scheiben schneiden. Von beiden Seiten 1–2 Minuten goldbraun und knusprig braten.

Mit frischen Orangenscheiben, Pistazien, den kandierten Orangenschalen und Minze anrichten und mit dem Orangensirup beträufeln.

Pikante Tamari-Mandeln

ERGIBT 300 G

300 g Mandeln
1 TL Kokosöl
⅔ TL Chiliflocken oder gehackte frische Chilischote
1 kleine Knoblauchzehe, fein gewürfelt
5 Kaffirlimettenblätter, fein gehackt (1 EL)
abgeriebene Schale
von 1 unbehandelten Limette
2 EL Limettensaft
1 EL Tamari (glutenfreie Sojasauce)
½ TL Meersalz

Die Mandeln in einer Pfanne bei mittlerer Hitze unter häufigem Rühren trocken rösten, bis sie leicht gebräunt sind und rauchig duften. Auf einem Teller beiseitestellen.

Kokosöl, Chili, Knoblauch und Kaffirlimettenblätter in die Pfanne geben und unter häufigem Rühren etwa 30 Sekunden braten. Nun die Mandeln zusammen mit der abgeriebenen Limettenschale, Limettensaft, Tamari und Salz wieder in die Pfanne geben. Gut durchmischen und noch 1–2 Minuten braten. Alles mitsamt der würzigen Sauce auf einer Platte verteilen und vollständig auskühlen lassen.

Luftdicht verschlossen bei Zimmertemperatur 2–3 Tage, im Kühlschrank bis zu 1 Woche haltbar.

Würzige Süßkartoffel-Pommes

Geschmacklich schlagen diese »Pommes« ihr aus normalen Kartoffeln und in der Fritteuse zubereitetes Pendant um Längen. Dazu liefern sie reichlich Beta-Carotin und Vitamin C.

FÜR 4 PERSONEN

2 mittelgroße Süßkartoffeln
4–5 EL Olivenöl extra vergine
⅔ TL Meersalz
1 TL Paprikapulver
1 TL gemahlener Kreuzkümmel
1 TL Knoblauchpulver
1 Prise Chiliflocken
Meersalz zum Servieren

Den Backofen auf 180 Grad vorheizen.

Die Süßkartoffeln schälen und in etwa 7 mm breite und möglichst lange Stifte schneiden. Im Olivenöl, mit dem Salz und sämtlichen Gewürzen wenden, bis sie gleichmäßig damit überzogen sind.

Die Süßkartoffelstifte locker auf einem mit Backpapier belegten Blech verteilen. Im vorgeheizten Ofen etwa 30 Minuten backen, bis sie knusprig gebräunt sind – ich drehe das Blech gelegentlich um und wende bereits gebräunte Stücke, damit alles gleichmäßig gart. Zuletzt nochmals mit etwas Meersalz bestreuen und sofort servieren.

Kokosgarnelen mit Pep

FÜR 6 PERSONEN

100 g getrocknete Kokosraspel
1 TL Zwiebelpulver
1 TL Knoblauchpulver
½ TL chinesisches Fünf-Gewürze-Pulver
½ TL Chilipulver oder -flocken
1 TL Meersalz
2 Eier
30 g Tapiokastärke (Tapiokamehl)
125 ml Kokos- oder Macadamiaöl
20 frische rohe Garnelen, bis auf die Schwanzflosse geschält, entdarmt
Limettenspalten zum Servieren

Die Kokosraspel mit sämtlichen Gewürzen in einer Schüssel vermengen. In einer zweiten Schüssel die Eier verquirlen. Die Tapiokastärke in eine dritte Schüssel oder auf einen Teller geben.

Das Öl in einer Pfanne mit hohem Rand oder in einem Wok erhitzen. Die Garnelen einzeln zuerst in der Tapiokastärke wälzen und überschüssiges Mehl abschütteln; danach ins Ei tauchen und zuletzt in der Kokosmischung wenden. Portionsweise im heißen Öl auf jeder Seite 2 Minuten goldbraun braten – nicht zu viele Garnelen auf einmal in die Pfanne geben. Die fertig gegarten Garnelen auf Küchenpapier abtropfen lassen. Mit Limettenspalten oder nach Belieben mit der Südostasien-Marinade (Seite 200) als Dip servieren.

Salat von marinierter Zwiebel, Tomaten und Speck

Dieser Vitamin-C-reiche Salat macht sich als Teil einer Antipasti-Platte genausogut wie als Beilage zu gegrilltem Steak oder zu Fisch. Er erinnert mich an die Küche meiner Großmutter, die gerne sauer eingelegtes Gemüse, Gewürze und kräftige Geschmacksnoten verwendete.

FÜR 3–4 PERSONEN ALS TEIL EINER VORSPEISE

½ TL Koriandersamen

¼ TL Pfefferkörner

1 TL Senfsamen

2 EL Rotweinessig

¾ TL Meersalz

2 EL Olivenöl extra vergine

1 große rote Zwiebel

4 Scheiben Pancetta (italienischer Bauchspeck)

Ghee oder Kokosöl

300 g Kirschtomaten oder andere, z. B. alte Tomatensorten

Die Koriandersamen und die Pfefferkörner im Mörser zu feinem Pulver mahlen. Mit Senfsamen, Essig, Salz und Olivenöl in eine Schüssel geben.

Die Zwiebel in feine Ringe schneiden, hinzufügen, mischen und mindestens 20 Minuten ziehen lassen.

Die Speckscheiben in etwas Ghee oder Kokosöl von beiden Seiten knusprig braten. Die Tomaten halbieren. Mit den Zwiebelringen und dem knusprigen Speck zu einem Salat arrangieren.

Statt der ganzen Körner kann auch gemahlener Koriander und Pfeffer verwendet werden. Anstelle von Pancetta eignen sich auch Prosciutto oder Frühstücksspeck.

Kernige Tahin-Cracker

ERGIBT 12–15 STÜCK

3 EL Tahin (Sesammus)

1 EL weiche Butter, Ghee oder Kokosöl

1 Ei

2 EL Sesamsamen

Meersalz

1 EL körniger Senf

2½ EL Kokosmehl

Den Backofen auf 170 Grad vorheizen.

Tahin, Butter, Ei, Sesamsamen, eine Prise Salz und den Senf in einer Schüssel gründlich verrühren. Das Kokosmehl untermischen, sodass eine zähe, klebrige Masse entsteht. Kokosmehl saugt viel Flüssigkeit auf und wird hier daher sparsam dosiert. Bei Verwendung einer anderen Mehlsorte muss die Menge erhöht werden.

Die Masse zu einer Kugel formen. Auf ein Stück gefettetes Back- oder Pergamentpapier (ca. 40 x 40 cm) setzen und mit den Händen zu einem Fladen flach drücken. Mit einem weiteren gefetteten Backpapier gleicher Größe bedecken und mit einem Rollholz etwa 3–5 mm dick ausrollen, dabei von der Mitte aus immer wieder abwechselnd in alle vier Richtungen arbeiten. Die Papierabdeckung abziehen. Die Teigplatte mit einem scharfen Messer in gleichmäßigen Abständen kreuz und quer leicht einritzen – so lassen sich die Cracker nach dem Backen leichter in Stücke brechen lassen.

Den Teig auf der Papierunterlage auf ein Backblech heben. Auf der mittleren Schiene im vorgeheizten Ofen 12–15 Minuten backen. Sobald die Ränder goldbraun werden, das Blech aus dem Ofen nehmen und die äußeren Cracker abtrennen. Danach das Blech nochmals in den Ofen schieben, bis auch der restliche Teig nach 4–5 Minuten leicht gebräunt ist.

Aus dem Ofen nehmen, vollständig abkühlen lassen und alle Cracker voneinander trennen. Luftdicht verschlossen halten sich die Cracker 5–6 Tage.

Asia-Kohlrouladen
mit Garnelen und Hackfleisch

ERGIBT 12 ROULADEN

1 EL Kokosöl

3 Schalotten, fein gewürfelt

1 TL geriebener Ingwer

½ große rote Chilischote,
fein gewürfelt

200 g Hackfleisch vom Schwein

4–5 Shiitakepilze, frisch
oder getrocknet, gehackt

1 Knoblauchzehe, fein gewürfelt

1 EL Fischsauce

2 TL Coconut Aminos (siehe Kasten
Seite 68)

1 EL Limettensaft

12 gekochte Garnelen, geschält

1 Pak Choi, 12 größere Blätter
abgelöst

1 Handvoll frische Korianderblätter

1 Handvoll frische Minzeblätter

1 große Karotte, geschält, gerieben

Asia-Dressing (siehe Seite 198)
zum Servieren

Das Kokosöl im Wok oder in einer Pfanne erhitzen.
Schalotten, Ingwer und Chili darin weich dünsten. Das
Hackfleisch zusammen mit den Pilzen hinzufügen und
braten, bis es leicht gebräunt ist. Knoblauch, Fischsauce,
Coconut Aminos und Limettensaft untermischen.
Das Ganze weitere 6–7 Minuten braten, bis das Fleisch
durchgegart ist. Auf einen Teller geben und beiseite-
stellen.

Die Garnelen längs halbieren.

In einem großen Topf Wasser aufkochen. Die Kohl-
blätter 40–50 Sekunden im sprudelnden Wasser blanchieren – eventuell die Blätter portionsweise ins Wasser
geben. Herausheben und sogleich kalt abschrecken, um
den Garprozess zu stoppen. Mit einem Küchentuch trocken
tupfen; das dickere Ende des Blattstiels abschneiden.

In die Mitte jedes Kohlblatts 1 Esslöffel der Fleischmasse
geben. Darauf 2 Garnelenhälften, einige Minz- und
Korianderblätter sowie etwas geriebene Karotte geben.
Die Längsseiten der Blätter über die Füllung schlagen
und das Ganze dann fest aufrollen. Die Rouladen mit dem
Asia-Dressing als Dip servieren.

Falls getrocknete Shiitakepilze verwendet werden, diese
vor dem Braten in etwas warmem Wasser 10 Minuten
einweichen. Anstelle von Pak Choi eignen sich auch
Weißkohlblätter, die jedoch etwas länger blanchiert werden
müssen, oder frische Blätter von Romanasalat, mit denen
sich kleinere Rollen ergeben. Wer Nachtschattengewächse
meidet, lässt den Chili weg. Die Coconut Aminos können
Sie durch etwas Palmzucker und Tamari (glutenfreie
Sojasauce) ersetzen.

Selbst

GEMACHT

Cashew-Hummus

ERGIBT 250 G

200 g Cashewkerne
2 EL Zitronensaft
2 EL Tahin (Sesammus)
2 EL Olivenöl extra vergine
1 Knoblauchzehe, grob gehackt
125 ml Wasser
⅔ TL Meersalz
Pfeffer aus der Mühle

Die Cashewkerne in warmem Wasser mit 1 TL Zitronensaft 5–6 Stunden einweichen; danach gründlich abspülen. Mit den restlichen Zutaten im Mixer oder Blitzhacker 3–4 Minuten sehr fein pürieren. Falls das Püree zu fest oder vielleicht das Knoblauch- oder Zitronenaroma zu dominant erscheint, nach Belieben etwas mehr Wasser untermixen. Im Kühlschrank hält sich der Hummus bis zu 1 Woche. Anstatt mit Cashewkernen kann er auch mit geschälten Mandeln oder Blumenkohl zubereitet werden.

Zitronen-Harissa

Für dieses Rezept habe ich viel herumprobiert und verschiedene Anleitungen variiert.
Heraus kam dabei eine aromaintensive und pikante Gewürzpaste, die auf gegrilltem Lamm
geradezu himmlisch schmeckt.

ERGIBT ETWA 250 ML

1 TL Fenchelsamen
2 TL Koriandersamen
2 TL Kreuzkümmelsamen
2 TL Tomatenmark
125 ml Olivenöl extra vergine
abgeriebene Schale und Saft
von ½ unbehandelten Zitrone
¼ eingelegte Zitrone, gehackt
½ TL Kümmelsamen
½ TL Paprika geräuchert
½ TL Meersalz
⅔ TL Kokosblütensirup oder Honig
1 EL gehackter frischer Koriander
1 große rote Chilischote,
fein gewürfelt
60 ml Wasser

Fenchel-, Koriander- und Kreuzkümmelsamen im Mörser grob zerstoßen. Zusammen mit den übrigen Zutaten in den Mixer oder Blitzhacker geben und alles zu einer glatten Paste pürieren. Nach Belieben mit weiterem Chili aufpeppen. Luftdicht verschlossen, hält sich das Harissa im Kühlschrank 1–2 Wochen.

Dieses Harissa eignet sich zum Marinieren von Lamm-, Rind- und Hähnchenfleisch. Außerdem macht es sich vorzüglich auf Fisch oder Meeresfrüchten vom Grill. Es bereichert auch arabische Schmorgerichte und afrikanische Tajines. Eingelegte Zitronen bekommen Sie in orientalischen Lebensmittelläden.

Ketchup von Rösttomaten

Ich wollte ein schmackhaftes Tomatenketchup, das ohne Zuckerzusatz, Geschmacksverstärker und andere ungute Zusatzstoffe auskommt. Nach einigen Experimenten mit unterschiedlichen Zubereitungsmethoden präsentiere ich hier mein Ergebnis. Die süße Note stammt von Karotten und Tomaten, die beide zunächst leicht karamellisiert werden.

ERGIBT 2 FLASCHEN

500 g frische, reife Eiertomaten, geviertelt

Olivenöl extra vergine

1 TL Salz

1 mittelgroße Zwiebel, fein gewürfelt

1 Stange Sellerie, fein gewürfelt

2 mittelgroße Karotten, geschält, fein gerieben

1 daumengroßes Stück frischer Ingwer, fein gerieben

2 Knoblauchzehen, fein gewürfelt

½ rote Chilischote oder 1 Prise Chiliflocken

1 TL Paprika geräuchert

1 TL Fischsauce

1 EL getrocknete oder frische Oreganoblättchen

1 EL Koriandersamen

3 Gewürznelken

2 Lorbeerblätter

1 TL schwarzer Pfeffer aus der Mühle

375 g Dosentomaten, gewürfelt

125 ml Rotweinessig

250 ml Wasser

Den Backofen auf 170 Grad vorheizen. Die frischen Tomatenviertel mit etwas Olivenöl und Salz vermischen; auf einem mit Alufolie abgedeckten Backblech verteilen. Im vorgeheizten Ofen 30 Minuten rösten.

In einen mittelgroßen Topf mit schwerem Boden Zwiebel, Sellerie und Karotten zusammen mit einigen Esslöffeln Olivenöl auf kleiner Stufe unter gelegentlichem Rühren etwa 15 Minuten weich dünsten.

Ingwer, Knoblauch, Chili, Paprika, Fischsauce, Oregano, Koriandersamen, Nelken, Lorbeerblätter, Salz nach Geschmack und Pfeffer hinzufügen. Alles zusammen noch 1 Minute weiter dünsten. Die gerösteten Tomaten aus dem Ofen und die Dosentomaten zusammen mit Essig und Wasser dazugeben. Das Ganze einmal aufkochen und dann leise köcheln lassen, bis die Sauce auf die Hälfte einreduziert ist.

Den Topfinhalt in den Mixer geben und fein pürieren. Die Sauce durch ein Sieb passieren, um Hautreste und gröbere Stücke zu entfernen. Die Sauce zurück in den Topf füllen und weitere 15 Minuten köchelnd eindicken lassen. Das Ketchup noch einmal abschmecken – eventuell ist etwas mehr Salz oder Essig erforderlich. In sterilisierte Flaschen oder Gläser füllen und fest verschließen. Im Kühlschrank hält sich das Ketchup bis zu 3 Monate.

Knochenbrühe

Ich erinnere mich, wie meine Großmutter in einem riesigen Topf oft Knochen auskochte. Mit der gehaltvollen Brühe, die sie so gewann, bereitete sie dann häufig ein traditionelles Gericht aus butterweich gekochtem Fleisch in Aspik zu. Das mochte ich immer sehr, wusste aber nicht, dass es auch außerordentlich nahrhaft war. Heute erlebt hausgemachte Knochenbrühe eine Art Renaissance. Wer täglich eine Tasse davon trinkt, bringt seinen Darm in Schuss und stärkt das Immunsystem. Außerdem ist sie ein Gesundheitselixier für die Gelenke, genauso wie für Haare, Haut und Nägel.

ERGIBT 3½ L

2½ kg gemischte Knochen (Markknochen vom Rind, Gelenk-stücke und einige fleischigere Knochen wie Rippen und Nacken)
3 EL Weißweinessig
3–4 l kaltes Wasser
2 Zwiebeln, geviertelt
2 große Karotten, grob zerteilt
2 Stangen Sellerie, grob zerteilt
1 TL schwarze oder bunte Pfeffer-körner
1 EL Salz
3 Knoblauchzehen
1 Sternanis
1 Bouquet garni (Thymian, Lorbeer-blatt und Petersilie)

Die fleischarmen Knochen in einem Suppentopf mit Wasser bedecken und den Essig hinzufügen – die Säure löst mehr Nährstoffe aus den Knochen. 30–40 Minuten ziehen lassen. Inzwischen die fleischigen Knochen in einem Bräter oder auf einem Blech im Backofen bei 170 Grad etwa 40 Minuten braun rösten.

Die gerösteten Knochen in den Suppentopf geben. Das Ganze aufkochen lassen. Den gräulichen Schaum, der sich an der Oberfläche sammelt, sorgfältig abschöpfen.

Gemüse, Pfefferkörner und Salz in den Topf geben. Erneut aufwallen lassen, dann die Temperatur verringern und die Brühe nur ganz leise sprudelnd etwa 12 Stunden köcheln lassen. Während der ersten 1–2 Stunden alle 20 Minuten sorgsam abschäumen. Etwa 2 Stunden vor Ende der Koch-zeit Knoblauch, Sternanis und Bouquet garni in die Brühe geben.

Die Knochen aus der Brühe nehmen. Die Brühe abseihen und im Kühlschrank erkalten lassen; danach mit einem Löffel das erstarrte Fett von der Oberfläche abnehmen. Die Brühe in kleinere Einzelbehälter füllen. Einen Teil für den baldigen Verbrauch im Kühlschrank lagern, den Rest als Vorrat einfrieren.

Knochenbrühe schmeckt köstlich als heiße Suppe. Ebenso eignet sie sich als Fond für Schmorge-richte auf Fleisch- oder Gemüse-basis und als Saucengrundlage.

Rote Chilipaste

Ein überwältigendes Geschmackserlebnis, ob als Dip zu knackigem Gemüse oder als Füllung für Pilze oder Fleischbällchen!

ERGIBT ETWA 375 ML

100 g Cashewkerne
1 TL Zitronensaft
oder Weißweinessig
10 sonnengetrocknete Tomaten,
in Streifen geschnitten
1 EL Tomatenmark
½ große rote Paprikaschote,
gewürfelt
1 Knoblauchzehe, gehackt
2 EL Rotweinessig
125 ml Olivenöl extra vergine
1 große rote Chilischote, gewürfelt
Salz, Pfeffer aus der Mühle
1 Schuss Wasser

Die Cashewkerne in warmem Wasser mit 1 TL Zitronensaft oder Weißweinessig 5–6 Stunden einweichen. Danach gründlich abspülen und in den Mixer oder Blitzhacker geben. Die übrigen Zutaten hinzufügen und alles 3–4 Minuten zu einer glatten, dicken Paste pürieren.

Im Kühlschrank hält sich die Paste bis zu 1 Woche.

Cremiger Spinat-Ei-Dip

ERGIBT ETWA 375 ML

5 große Handvoll Spinat, verlesen
5 hart gekochte Eier, geschält
1 Knoblauchzehe, gerieben
2 EL fein gewürfelte Frühlingszwiebel
3 EL Mayonnaise
je ½ TL Meersalz und Pfeffer
aus der Mühle
1 EL Zitronensaft

In einem Topf Wasser zum Kochen bringen. Den Spinat hineingeben und etwa 30 Sekunden zusammenfallen lassen. Sogleich in einem Sieb kalt abbrausen, gut ausdrücken und grob hacken. Den Spinat mit den übrigen Zutaten in die Küchenmaschine oder den Blitzhacker geben und alles zu einem glatten, gleichmäßigen Püree verarbeiten. Alternativ Spinat und Eier von Hand sehr fein hacken und alle Zutaten in einer Schüssel gründlich vermengen.

Passt wunderbar zu Ofenkartoffeln oder als Dip zu Rohkost.

Selbst gemachter Kokosjoghurt

Diesen Kokosjoghurt selbst herzustellen ist ein Kinderspiel. Das Ergebnis schmeckt wie jeder andere Naturjoghurt, nur eben mit einem leichten Kokoshauch. Perfekt für ein köstliches Müslifrühstück und ein Booster für die Darmflora.

ERGIBT GUT 750 ML

Für den Joghurt
2 Dosen Kokoscreme à je 400 ml
¾ TL Joghurtferment

Erforderliches Zubehör
Küchenthermometer
2–3 saubere Schraubgläser
Isoliertasche
sauberes Geschirrtuch
mittelgroßer Topf
kleine Tasse und Löffel

Joghurtferment ist als Pulver in Reformhäusern und Bio-läden erhältlich. Sie können stattdessen auch einen Rest des letzten selbst gemachten Joghurts als Starterkultur für die nächste Fuhre nutzen.

Reichlich Wasser aufkochen. Die Gläser samt ihren Deckeln, den Topf, die Tasse und den Löffel damit über-gießen. Das sterilisierte Zubehör (Gläser umgedreht) auf ein Geschirrtuch geben.

Die Kokoscreme behutsam in den Topf abgießen, sodass der am Boden der Dosen befindliche wässrige Anteil größtenteils zurückbleibt. Ein Küchenthermometer in die Kokoscreme eintauchen und diese langsam auf 43 Grad erhitzen. Vom Herd nehmen.

In der sterilisierten Tasse 1 EL der warmen Kokoscreme mit dem Joghurtferment zu einer glatten Paste verrühren. Noch etwas mehr Kokoscreme unterrühren. Dann diese Mischung in den Topf mit der übrigen Kokoscreme gießen und gleichmäßig unterrühren.

Die Kokoscrememischung in die vorbereiteten Gläser gießen und diese mit den sterilisierten Deckeln ver-schließen. Die Gläser in das Geschirrtuch einschlagen und in eine Isoliertasche stellen. (Es geht darum, die Temperatur möglichst lange bei etwa 40 Grad zu halten – alternativ könnte man die Gläser auch in Alufolie und anschließend in mehrere Lagen Geschirrtücher wickeln.) Die Gläser an einem warmen Platz 12 Stunden ruhen lassen. Anschließend aus der Isoliertasche nehmen und für weitere 12 Stunden in den Kühlschrank stellen. Danach ist der Joghurt genussbereit.

Knoblauchmarmelade

ERGIBT ETWA 375 ML

200 g ungeschälte Knoblauchzehen

Olivenöl extra vergine
zum Beträufeln

1 mittelgroße Zwiebel,
in Scheiben geschnitten

10 sonnengetrocknete Tomaten,
in Streifen geschnitten

3 EL Macadamiaöl oder Ghee

4 EL Kokosblütensirup
oder Naturhonig

abgeriebene Schale und Saft
von ½ unbehandelten Zitrone

2 TL Salz

½ TL schwarzer Pfeffer
aus der Mühle

½ TL gemahlener Koriander

250 ml Gemüsebrühe

1 TL Chiliflocken

Den Backofen auf 170 Grad vorheizen. Die Knoblauchzehen auf einem Backblech verteilen, gleichmäßig mit Olivenöl beträufeln und etwa 30 Minuten im Ofen backen.

Inzwischen die Zwiebel- und Tomatenstreifen in einem mittelgroßen Topf im Macadamiaöl oder Ghee etwa 7 Minuten weich dünsten.

Die Knoblauchzehen, sobald sie weich sind, aus dem Ofen nehmen und abkühlen lassen. Sobald man sich an ihnen nicht mehr die Finger verbrennt, die unteren Enden abschneiden und die Zehen so schälen, dass sie nicht zerfallen. Die Knoblauchzehen zur Zwiebel-Tomaten-Mischung geben; Kokosblütensirup oder Honig, Zitronenschale und -saft, Salz, Pfeffer, Koriander, Gemüsebrühe und Chiliflocken hinzufügen. Alles einmal aufkochen und anschließend auf kleiner Stufe 1 Stunde köcheln lassen, dabei mehrmals umrühren.

Die zuletzt eingedickte und karamellisierte Masse vom Herd nehmen. Auf Raumtemperatur abkühlen lassen. In sterilisierte Schraubgläser füllen, die Oberfläche jeweils mit einem Stück Frischhaltefolie abdecken und die Gläser verschließen. Im Kühlschrank ist die Marmelade bis zu 2 Monate haltbar.

Köstlich als Beigabe zu Fleisch oder Fisch vom Grill sowie zu Eiern. Das süße und zugleich feine Knoblaucharoma macht sich aber ebenso vorzüglich als Würze in Eintöpfen und Saucen. Mit gebackenen Zwiebeln oder Lauchstangen gelingt eine ähnlich leckere Marmelade.

Würziges Beef Jerky

Seit Langem ist »Beef Jerky« in den USA als Snack in aller Munde, und inzwischen haben die würzigen Dörrfleischstreifen in abgepackter Form auch international Karriere gemacht. Produkte, die auf natürliche Zutaten setzen, bilden dabei jedoch eher die Ausnahme von der Regel. Down Under bietet sich als Alternative das gesunde und schmackhafte Kängurufleisch an, das ich dafür oft verwende. Das Fleisch sollte auf jeden Fall mager sein, denn Fett wird bei der Lagerung ranzig.

ERGIBT 300 G

500 g mageres Fleisch
vom Weiderind (siehe Kasten),
gewaschen und trocken getupft
1 TL Paprika geräuchert
2 TL gemahlener Koriander
1 TL Knoblauchpulver
1 TL Zwiebelpulver
2½ TL Meersalz
1 TL schwarzer Pfeffer aus der Mühle
1 TL Chiliflocken

Das Fleisch etwa 30 Minuten beziehungsweise so lange gefrieren lassen, bis es fest (jedoch nicht völlig hart und durchgefroren) ist. Dann das Fleisch in dünne Streifen schneiden.

Alle Gewürze vermischen. Die Fleischstreifen darin wenden, sodass sie gleichmäßig damit überzogen sind. Zugedeckt im Kühlschrank 12 Stunden ruhen lassen.

Den Backofen auf 70 Grad vorheizen. Die Fleischstreifen nebeneinander direkt auf den (zuvor gesäuberten) Back-ofenrost geben. Keine Folie unterlegen, damit die Luft frei zirkulieren kann.

Den Boden des Backofens mit Alufolie bedecken, um ihn vor dem herabtropfenden Fleischsaft zu schützen. Den Rost in den Ofen schieben und das Fleisch insgesamt 3 Stunden trocknen lassen; nach der Hälfte der Zeit die Fleischstreifen wenden. Anschließend die Backofentür einen Spaltbreit öffnen (am einfachsten einen Kochlöffelstiel in den Spalt klemmen), um die Temperatur auf etwa 45 Grad sinken zu lassen. Die Fleischstreifen bei weiterhin leicht geöffneter Ofentür 3–4 Stunden dörren, bis sie ganz dunkel sind und brechen, wenn man sie biegt. Den Rost aus dem Ofen nehmen und die Fleischstreifen vollständig auskühlen lassen; erst dann zur Aufbewahrung verpacken.

> Wählen Sie ein eher mageres Fleischstück, etwa eine Scheibe aus dem Bauchlappen (Dünnung) oder aus der Oberschale (Kluft). Selbst zubereitete Dörrfleischstreifen kann man in der Vorratskammer einige Tage aufbewahren. Am besten wickelt man sie jedoch in Frischhaltefolie oder packt sie in einen dicht schließenden Behälter und lagert sie im Kühlschrank. So halten sie sich gut einen Monat.

Sauerkraut

Sauerkraut ist in vielen osteuropäischen Ländern wie auch in der Ukraine eine Art Grundnahrungsmittel. Unzählige Male habe ich meinen Eltern zugesehen, wenn sie es ansetzten, und zwar gleich wannenweise! Jawohl, so viel davon vertilgten wir, vor allem im Winter, wenn es kaum Frischgemüse gab. Frisches Sauerkraut ist eine immense Bereicherung des Speiseplans, denn es entwickelt, während es fermentiert, lebendige Bakterienkulturen, die für eine gesunde Darmflora sorgen. Stellen Sie zunächst nach folgendem Rezept eine kleine Menge her, bevor Sie in die Großproduktion einsteigen.

ERGIBT 300–425 G

¼ großer Rot- oder Weißkohlkopf oder ½ kleinerer Kopf, vom Strunk befreit

1 mittelgroße Karotte, geschält

1 Knoblauchzehe, gehackt

½ TL gemahlener Koriander

1½ EL Meersalz

Wasser

> Sauerkraut lässt sich auch mit Kümmel-, Dill-, Senf- oder Selleriesamen, mit Wacholderbeeren, Zwiebel, Chili, Kurkuma oder Ingwer würzen. Indem Sie einen Rest des Sauerkrauts unter die nächste Portion frisch gehobelter Kohlstreifen mischen, kommt die Milchsäuregärung erneut in Gang.

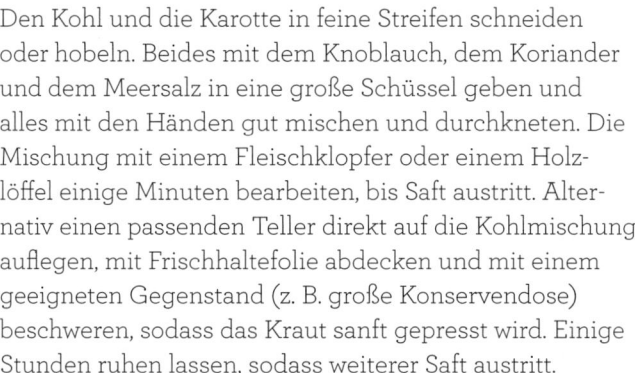

Den Kohl und die Karotte in feine Streifen schneiden oder hobeln. Beides mit dem Knoblauch, dem Koriander und dem Meersalz in eine große Schüssel geben und alles mit den Händen gut mischen und durchkneten. Die Mischung mit einem Fleischklopfer oder einem Holzlöffel einige Minuten bearbeiten, bis Saft austritt. Alternativ einen passenden Teller direkt auf die Kohlmischung auflegen, mit Frischhaltefolie abdecken und mit einem geeigneten Gegenstand (z. B. große Konservendose) beschweren, sodass das Kraut sanft gepresst wird. Einige Stunden ruhen lassen, sodass weiterer Saft austritt.

Ein mittelgroßes Vorratsglas mit kochendem Wasser ausspülen, um es zu sterilisieren, und trocknen lassen. Die Kohlmischung einfüllen und mit einem Löffel oder der sauberen Hand zusammendrücken, sodass sich an der Oberfläche weiterer Saft sammelt. Zwischen dem Glasrand und der Füllung müssen mindestens 2 cm frei bleiben, und der Kohl muss vollständig von Flüssigkeit bedeckt sein. Das Glas fest verschließen und bei Zimmertemperatur etwa 3 Tage ruhen lassen, danach in den Kühlschrank stellen. Während des Fermentierens wird das Kraut weich und verändert ein wenig seine Farbe; wenn man das Glas öffnet, sollte ihm ein durchdringend saurer Geruch entströmen. Falls sich auf der Oberfläche Schimmel bildet, diesen behutsam entfernen. Das Sauerkraut kann sofort verzehrt, im Kühlschrank aber auch monatelang gelagert werden.

Cashew-Sataysauce

Der ideale Begleiter zu Hähnchen-, Rindfleisch- oder Lammspießen. Mit etwas Wasser verrührt, ergibt diese Sauce das perfekte Dressing für den indonesischen Gado-Gado-Salat aus gekochtem und rohem Gemüse, hart gekochten Eiern und frischen Kräutern.

ERGIBT 250 ML

3 kleine rote Chilischoten, entkernt

2 Knoblauchzehen, grob gehackt

1 Stängel Zitronengras, geputzt, grob geschnitten

3 kleine Schalotten, grob gewürfelt

2 TL Currypulver

1 TL gemahlene Kurkuma

1½ EL Kokosöl

425 g Cashewkerne

375 ml Wasser

150 ml Kokosmilch

Saft von ½ Limette

2 EL Coconut Aminos (siehe Seite 68) oder Tamari (glutenfreie Sojasauce)

3 TL Fischsauce

1 EL Naturhonig

⅔ TL Meersalz

Chilischoten, Knoblauch, Zitronengras, Schalotten, Currypulver und Kurkuma im Mörser oder Blitzhacker zu einer geschmeidigen Paste verarbeiten.

In einem kleinen Topf das Kokosöl auf mittlerer Stufe schmelzen. Die Würzpaste zufügen und braten, bis sie nach 4–5 Minuten leicht karamellisiert und bräunt. Dabei häufig rühren, damit sie nicht ansetzt.

Gleichzeitig eine Pfanne auf mittlerer Stufe erhitzen. Die Cashewkerne darin 2 Minuten rösten; häufig wenden, damit sie nicht anbrennen. Abkühlen lassen und im Blitzhacker fein krümelig zerkleinern.

Die Würzpaste mit 250 ml Wasser verdünnen und zum Kochen bringen. Cashews, Kokosmilch, Limettensaft, Coconut Aminos und Fischsauce zur kochenden Sauce geben. Nach dem erneuten Aufwallen die Hitze reduzieren, sodass die Sauce nur noch leise sprudelt. Nach 5 Minuten den Honig, das Salz und weitere 125 ml Wasser untermischen. Die Sauce noch 4–5 Minuten unter häufigem Rühren etwas eindicken und karamellisieren lassen. Vom Herd nehmen und im Mixer glatt pürieren, dabei nach Bedarf noch etwas Wasser zufügen.

Zum Aufbewahren die Sauce ist in sauberes, mit kochendem Wasser sterilisertes, dicht schließendes Glas füllen und im Kühlschrank lagern.

Selbst gemachte Mayonnaise

Als ich auf Paleo umschwenkte, hatte ich kurz Panik, weil ich dachte, ich müsste in Zukunft auf meine heiß geliebte Mayonnaise verzichten. Glücklicherweise aber ist sie sehr Paleo-kompatibel, denn im Grunde handelt es sich ja um eine einfache Emulsion von Eigelb und Öl, angereichert mit etwas Senf, Essig und Salz. Hier habe ich ein Rezept der amerikanischen Köchin Julia Child adaptiert.

Alle Zutaten müssen Zimmertemperatur haben. Eine große Schüssel mit heißem Wasser vorwärmen und abtrocknen. Die Eigelbe in die Schüssel geben und mit einem Schneebesen 1–2 Minuten zu einer dicken, zähflüssigen Mischung aufschlagen. Essig oder Zitronensaft, Salz und Senfpulver oder Senf zufügen und 30 Sekunden weiter schlagen.

Nun das Öl zunächst nur tropfenweise dazugeben und dabei unablässig weiter schlagen, bis die Sauce eindickt. Das weitere Öl entweder mit einen kleinen Löffel oder mit schräg am Schüsselrand aufgelegter Öffnung einlaufen lassen. Dabei gilt es, vor allem auf den langsamen, stetigen Ölfluss zu achten, weniger auf die Mayonnaise selbst. Etwa alle 10 Sekunden die Ölzufuhr unterbrechen, aber ständig weiter schlagen, damit das Eigelb das Öl vollständig aufnimmt.

Wenn 85–125 ml des Öls eingerührt sind und die Mayonnaise die Konsistenz einer dicken Creme angenommen hat, ist die Gefahr des Ausflockens vorüber. Das übrige Öl in Portionen von 1–2 EL hinzufügen und jeweils gründlich unterschlagen. Sollte die Mayonnaise zu fest werden, einige Tropfen Essig oder Zitronensaft unterrühren. Danach weiter das Öl zufügen.

Zuletzt das heiße Wasser energisch unterrühren – es dient als »Anti-Gerinnungsmittel«. Die Mayonnaise abschmecken. Falls sie nicht sogleich verwendet wird, in eine kleine Schüssel füllen und die Oberfläche mit Frischhaltefolie bedecken, damit sich keine Haut bildet. Im Kühlschrank aufbewahren.

ERGIBT 500 ML

3 Eigelb

1–2 EL Weißweinessig oder Zitronensaft (nach Bedarf und Geschmack etwas mehr)

⅔ TL Salz

½ TL Senfpulver oder fertiger Senf

375 ml Macadamiaöl

2 EL kochend heißes Wasser

Ein Eigelb kann maximal etwa 185 ml Öl aufnehmen. Danach verliert es seine Bindekraft, die Sauce wird dünnflüssig und flockt aus. Um sicherzugehen, rechnet man pro Eigelb 125 ml Öl. Zusammengefasst sieht die Zutatenformel dann so aus: 2 Eigelb + 250 ml Öl ca. 2 EL Essig/Zitronensaft = etwa 330 ml Mayonnaise.

Rote Currypaste

Etwas rote Currypaste im Vorrat zu haben, schadet nie. Denn mit ihr lässt sich im Nu ein Wokgericht aufpeppen, oder man kann sie mit etwas Kokosmilch mischen, um schnell ein Kürbis- oder Hähnchencurry zu zaubern. Außerdem ergibt sie eine großartige Marinade für Fleisch, Fisch und Meeresfrüchte. Einige der benötigten Zutaten sind nur im Asialaden erhältlich.

ERGIBT 250 ML

3 Schalotten, gewürfelt

4 Knoblauchzehen, grob gewürfelt

2 große rote Chilischoten, mitsamt Kernen gehackt

1 Stängel Zitronengras, in Scheiben geschnitten

1½ EL frischer Galgant, geschält, gerieben

1½ EL frische Kurkuma (Gelbwurz), geschält, gerieben

7 Kaffirlimettenblätter

3 Zweige Koriander, gehackt

1½ EL Fischsauce

2 EL Olivenöl extra vergine

½ TL geraspelter Palmzucker

½ TL Garnelenpaste, nach Belieben

Alle Zutaten in den Mixer oder Blitzhacker geben und etwa 2–3 Minuten zu einer möglichst glatten, feinen Paste pürieren.

Die Currypaste in ein fest schließendes Gefäß füllen und mit einer Schicht Olivenöl bedecken. So hält sie sich im Kühlschrank bis zu 7 Tage.

Buttervariationen

Butter schmeichelt dem Gaumen, wirkt als Geschmacksverstärker und hat ein erstaunliches Nährstoffprofil. Selbst wer Milchprodukte sonst meidet, kann sich etwas Butter gönnen, da sie vor allem Fett und kaum Milchtrockenmasse enthält. Die hier vorgestellten drei Buttervariationen sind vielfältig einsetzbar. Es lohnt sich daher, sie im Kühlschrank oder Gefrierfach auf Vorrat zu halten.

Zubereitung: Alle Zutaten in den Mixer oder Blitzhacker geben. Mixen, bis eine gleichmäßige Mischung entstanden ist. In ein Schraubglas oder einen lebensmitteltauglichen Plastikbehälter füllen und im Kühlschrank aufbewahren.

LIMETTEN-KORIANDER-BUTTER

100 g weiche Butter
2 EL gehackter frischer Koriander
abgeriebene Schale und Saft von 1 unbehandelten Limette
½ TL Meersalz
½ TL schwarzer Pfeffer aus der Mühle

Passt zu Fisch, Garnelen, Jakobsmuscheln oder Hähnchen vom Grill. Unter Spinat, Brokkoli oder Erbsen ziehen. Einen Klecks davon auf würzige Muffins, Gemüsepuffer oder Burger geben und schmelzen lassen.

ERDBEERBUTTER

100 g weiche Butter
10 frische Erdbeeren, geputzt, fein gewürfelt
1 TL Vanilleextrakt

Schmeckt pur, auf Muffins oder Pfannkuchen. Mit pürierten Cashewkernen oder Macadamianüssen vermischen und damit Cupcakes überziehen.

EINFACHE CAFÉ-DE-PARIS-BUTTER

100 g weiche Butter
1 TL Dijonsenf
2 Sardellen, gehackt
1 EL glutenfreie Worcestersauce
1 EL Kapern, abgespült, abgetropft
½ TL Meersalz
½ TL schwarzer Pfeffer aus der Mühle
1 Knoblauchzehe, gehackt
2 Zweige Thymian, Blättchen abgezupft
½ TL Currypulver
1 TL Zitronensaft

Schmeckt herrlich auf gegrilltem rotem Fleisch, Braten, Süßkartoffeln aus dem Ofen, gebratenem Spargel und Pilzen. Zur geschmacklichen Abrundung von Fleischbällchen, Schmorfleisch, Fleischeintöpfen und Saucen.

Meine liebsten Dressings

Entwickeln Sie meine Vorschläge ruhig ganz nach Gusto weiter!
Alle diese Dressings schmecken köstlich zu kalten oder warmen Salaten, Gemüse, Fleisch oder
Fisch und Meeresfrüchten. Außer bei der Avocadosauce und beim Tomatendressing
werden die Zutaten einfach in einer Schüssel mit dem Schneebesen verrührt. Falls Sie gleich größe-
re Mengen zubereiten, den Überschuss in saubere, dicht schließende Gläser füllen
und im Kühlschrank lagern. Bis zu 1 Woche haltbar.

ASIA-DRESSING

ERGIBT 85 ML

1 TL Sesamöl
2 EL Olivenöl extra vergine
½ kleine rote Chilischote, gewürfelt
1 kleines Stück frischer Ingwer, geschält, gewürfelt
1 EL Fischsauce
1½ EL frischer Limettensaft
½ TL geraspelter Palmzucker
1 EL gehackter frischer Koriander

Für Krautsalat mit asiatischem Touch und thai-
ländischen Rindfleischsalat. Zu Austern oder
gegrilltem Fisch. Unter Asiagemüse mischen
oder als Dip zu Chicken Wings reichen.

TAHIN-KNOBLAUCH-DRESSING

ERGIBT 165 ML

Abgeriebene Schale und Saft von 1 unbehandelten
Zitrone
1 EL Tahin (Sesammus)
1 Knoblauchzehe, fein gerieben
125 ml Olivenöl extra vergine
½ TL gemahlener Kreuzkümmel
Meersalz, schwarzer Pfeffer aus der Mühle

Exzellent zu Salaten, zum Beispiel mit Roter
Bete und Ziegenkäse, Birnen oder grünen
Bohnen. Gut auch auf geröstetem Lauch oder
gebackenen Süßkartoffeln mit roten Zwiebeln
und Haselnüssen.

HASELNUSS-VANILLE-DRESSING

ERGIBT 85 ML

1 TL Vanilleextrakt
1 EL Haselnussöl
2 EL Olivenöl extra vergine
30 g Haselnusskerne, geröstet, grob gehackt
½ TL Naturhonig
½ TL Dijonsenf
1 EL Cidre-Essig
¼ TL Knoblauchpulver

Über gebackenen Kürbis und gebratene
Karotten träufeln, sensationell auch auf ge-
grillter Aubergine und zu gegrillten Calamari
und Garnelen. Perfekt zu Rucola-Rote-Bete-
Salat.

PIKANTES TOMATENDRESSING

ERGIBT 250 ML

Saft von 2 Zitronen
1 Knoblauchzehe
50 g sonnengetrocknete Tomaten
170 ml Olivenöl extra vergine
½ TL Meersalz
½ TL Chiliflocken oder gehackte frische Chilischote
1 TL Dijonsenf
1 TL abgeriebene Schale von 1 unbehandelten
Zitrone

Alle Zutaten im Mixer glatt pürieren.

TUTTI-ZITRUSFRUTTI-DRESSING

ERGIBT 165 ML

½ TL abgeriebene Schale
von 1 unbehandelten Zitrone
½ TL abgeriebene Schale
von 1 unbehandelten Limette
½ TL abgeriebene Schale
von 1 unbehandelten Orange
2 EL Orangensaft
1 EL Limettensaft
1 EL Zitronensaft
1 TL Zwiebelpulver
1 TL Dijonsenf
1 EL gehacktes frisches Basilikum
125 ml Olivenöl extra vergine
⅔ TL Meersalz
½ TL schwarzer Pfeffer aus der Mühle

Schmeckt großartig auf Ceviche wie auch
auf gegrilltem Thunfisch oder Lachs. Ebenfalls
super zu knackigen Sommersalaten mit Zutaten wie Radieschen, Fenchel, Rucola, Spinat,
Kirschtomaten und Gurken.

AVOCADO-SAUCE

ERGIBT 165 ML

1 reife Avocado, Fruchtfleisch zerdrückt
1 EL Kokoscreme
1 EL Weißweinessig
1 EL Olivenöl extra vergine
60 ml Wasser
1 TL Dijonsenf
2 EL gehackte Kräuter (Schnittlauch,
Petersilie und Dill) oder nach Belieben
auch getrocknete Kräuter
½ TL Zwiebelpulver
½ TL Knoblauchpulver
⅔ TL Meersalz
½ TL weißer Pfeffer aus der Mühle

Mit ihrer dickflüssigen Konsistenz eignet
sich diese Sauce insbesondere zu Burgern,
Krautsalat und Pulled Pork, außerdem auch als
Pizzasauce für eine Paleo-Pizza und schließlich als Dip zu »Pommes« aus Süßkartoffeln,
zu Garnelen und Hähnchenhappen vom Grill
oder auch zu Gemüserohkost.

Alle Zutaten im Mixer glatt pürieren.

Top-Marinaden

Das Marinieren vor dem Garen verleiht Fleisch und Fisch mehr Würze und macht es zarter. Nachfolgende Zutatenmengen sind für etwa 500 g Fleisch berechnet. Die Zutaten im Mixer oder mit dem Schneebesen von Hand vermischen.

AUSTRALISCH-SOMMERLICH

125 ml Olivenöl extra vergine
2 EL Balsamicoessig
2 EL glutenfreie Worcestersauce
1 TL Knoblauch, fein gewürfelt
1 TL Paprika edelsüß
1 TL Meersalz
½ TL schwarzer Pfeffer aus der Mühle
1 TL getrocknete italienische Kräuter oder gehackte frische Petersilie

Ausgezeichnet für rotes Fleisch und Lamm.

ORIENTALISCH

1 TL gemahlener Kreuzkümmel
1 TL gemahlener Koriander
1 TL gemahlener Kümmel
1 TL gemahlene Kurkuma
¼ eingelegte Zitrone, fein gehackt
1 EL Zitronensaft
1 TL Tahin (Sesammus)
1 TL Meersalz
125 ml Olivenöl extra vergine

Für Lamm-, Ziegen-, Rind- oder Hähnchenfleisch. Super auch für Gemüse wie Auberginen, Karotten, Kürbis und rote Paprika. Für einen Geschmackskick 1 EL davon unter Tajines und andere Eintöpfe rühren.

SÜDOSTASIEN-FLAIR

1 EL Fischsauce
1 EL Naturhonig
1 EL Tamari (glutenfreie Sojasauce)
1 TL geriebener frischer Knoblauch
1 TL geriebener frischer Ingwer
½ TL Chiliflocken
1 EL Limettensaft
1 TL Sesamöl
2 EL Olivenöl extra vergine

Für Hähnchenflügel und -schenkel, Rindfleischspieße, knusprige Garnelen sowie zum Beträufeln von Fisch aller Art.

PORTUGIESISCH SÜSS

½ rote Zwiebel, fein gewürfelt
1 große rote Chilischote, gewürfelt
1 TL Paprika edelsüß
1½ TL Paprika geräuchert
½ TL gemahlener Koriander
2 Knoblauchzehen, gehackt
2 EL Rotweinessig
1 EL trockener Sherry oder Portwein
4 EL Olivenöl extra vergine
1 TL Naturhonig oder Kokosblütensirup
1½ EL Tomatenmark
1 TL Meersalz

Passt gut zu Geflügel, rotem Fleisch, Fisch und Meeresfrüchten.

——Selbst gemachte Gewürzmischungen——

Bei diesen Mischungen weiß man genau, was drin ist. Ganze Gewürze zunächst mahlen, dann alle Zutaten in einer trockenen Schüssel vermengen.

MAROKKANISCH

1 TL gemahlener Koriander
1 TL gemahlener Kreuzkümmel
1 TL Paprikapulver
1 TL gemahlene Kurkuma
½ TL Knoblauchpulver
½ TL Zwiebelpulver
½ TL schwarzer Pfeffer aus der Mühle
½ TL Meersalz

Für Tajines und andere Eintopfgerichte;
auch zum Einreiben von Hähnchen, Rind- und
Ziegenfleisch oder Fisch.

INDISCH

2 TL Paprika edelsüß
1 TL gemahlener Kreuzkümmel
½ TL gemahlener Koriander
½ TL gemahlene Gewürznelken
½ TL gemahlener Zimt
½ TL gemahlener Kardamom
½ TL Chilipulver
1 TL gemahlene Kurkuma
1 TL Zwiebelpulver

Grandios für Fleisch und Fisch vom Grill.
Außerdem gut als Gewürzgrundlage von
Currys: Für ein Sri-Lanka-Curry mit Tomaten
und Brühe oder mit etwas Kokosmilch
vermischen.

MEXIKANISCH

1 TL Paprika edelsüß
1 TL gemahlener Koriander
1 TL gemahlener Kreuzkümmel
½ TL Chilipulver
½ TL schwarzer Pfeffer aus der Mühle
½ TL Meersalz
1 TL getrockneter Oregano

Ich sage nur: Tacos!

SZECHUAN-WÜRZSALZ

2 EL Meersalz
1 EL Szechuanpfeffer, ganz
1 TL Zwiebelpulver
½ TL Knoblauchpulver
½ TL Chiliflocken

Über gegrillte Ente oder Wachtel streuen, gut
auch für Garnelen oder Steak vom Grill.

CAJUN-MISCHUNG

2 TL Paprikapulver
2 TL Cayennepfeffer
2 TL Knoblauchpulver
2 TL Zwiebelpulver
1 TL getrockneter Oregano
1 TL getrockneter Thymian
1 TL Meersalz
2 TL weißer Pfeffer aus der Mühle

Für Rippchen und Hähnchen vom Grill,
Blackened Fish oder Blackened Steaks
(Spezialität der Cajun-Küche: in flüssige
Butter getaucht, gewürzt und in rauchheißer
Pfanne gebraten), Suppen und Saucen.

Cashew-Raita

ERGIBT ETWA 250 ML

100 g Cashewkerne

Saft von 1 Zitrone

¾ TL Tahin (Sesammus)

½ TL gemahlener Kreuzkümmel

125 ml Wasser

1 EL Olivenöl extra vergine

1 Prise Salz

½ Knoblauchzehe, fein gewürfelt

½ mittelgroße Salatgurke,
fein gewürfelt

1 EL gehackte frische Minze

Die Cashewkerne in warmem Wasser unter Zugabe von 1 Spritzer Zitronensaft (ersatzweise Weißweinessig) 4–6 Stunden einweichen.

Die Cashewkerne gründlich abspülen. Zusammen mit den übrigen Zutaten außer der Gurke und der Minze im Mixer oder Blitzhacker 3–4 Minuten zu einer glatten Paste pürieren. In eine kleine Schüssel füllen und zuletzt die Gurkenwürfel und die gehackte Minze gründlich untermischen.

Pikanter Kümmelsenf

*Senf lässt sich mühelos selbst herstellen. Dabei sind viele Variationen möglich,
je nach den aromatischen Zutaten, die man hinzugibt, und je nach der verwendeten Senfsaat
auch in unterschiedlichen Farben. Diese Variante besitzt reichlich Schärfe.
Milder gerät sie durch Einrühren von warmem statt kaltem Wasser.*

ERGIBT ETWA 250 ML

3 EL gelbe Senfsamen

½ TL Kümmelsamen

½ TL schwarze Pfefferkörner

25 g Senfpulver

½ TL gemahlene Kurkuma

1 TL Meersalz

2½ EL Weißweinessig

125 ml kaltes Wasser (warmes
Wasser für eine sanftere Schärfe)

Senf- und Kümmelsamen sowie Pfefferkörner im Mörser grob zerstoßen oder im Blitzhacker zerkleinern – die Samen sollen nur grob zerkleinert und teilweise noch intakt sein. Zusammen mit Senfpulver, Kurkuma (bringt eine herrliche Farbe), Salz, Essig und Wasser in eine Glas- oder Porzellanschüssel geben. Alles gründlich vermischen. Nach Belieben in ein Schraubglas umfüllen oder mit Frischhaltefolie abdecken. Den Senf im Kühlschrank 12 Stunden reifen lassen. Im Kühlschrank aufbewahrt, hält er sich bis zu 4 Wochen.

Hoch
DIE
Tassen

Beeren-Smoothie mit Schokohauch

Quasi wie ein Dessert im Glas kommt dieser Smoothie daher. Sein Geschmack erinnert an Schokopudding mit Beerenmix oder vage an Schwarzwälder Kirschtorte. Hinzu kommt, dank des Molkenproteinpulvers, reichlich Eiweiß; Beeren und Kakao spenden Antioxidantien.

FÜR 2 PORTIONEN

150 g gemischte Beeren, tiefgefroren

250 ml Kokosmilch

2 EL Molkenproteinpulver

1 TL rohes oder herkömmliches Kakaopulver

1 TL gemischte Beerenkonfitüre, zuckerfrei

dunkle Schokoladenraspel

Alle Zutaten in den Mixer geben und zu einer glatten, sämigen Creme verarbeiten. Falls die Kokosmilch direkt aus dem Kühlschrank kommt und daher eher etwas dickflüssig ist, zusätzlich etwas Wasser untermixen.

Aperol Spritz

Seit ich ihn in seiner Heimat Italien das erste Mal kostete, liebe ich diesen Drink, der als Aperitif die Geschmacksknospen wachkitzelt. Ich habe das Originalrezept leicht abgewandelt. Aber natürlich darf der Aperol dabei nicht fehlen, ein Campari-ähnlicher Likör, der unter anderem Bitterorange, Rhabarber, Enzian und Chinarinde enthält.

FÜR 1 PORTION

1 Scheibe von 1 unbehandelten Zitrone

1 Scheibe von 1 unbehandelten Orange

einige Eiswürfel

2 EL Orangensaft

2 EL Aperol

150 ml Prosecco

2–3 EL stark kohlensäurehaltiges Mineralwasser

Die Zitronen- und die Orangenscheibe zusammen mit einigen Eiswürfeln in ein Glas geben. Den Orangensaft darüberpressen. Den Aperol und dann langsam den Prosecco zugießen. Behutsam umrühren. Zuletzt mit einem Schuss Mineralwasser auffüllen.

Rote-Bete-Kraftsaft

Mit diesem Saft starten Sie voller Energie in den Tag. Rote Bete, die neben wertvollen Antioxidantien viel Eisen und Folsäure liefert, verbindet sich hier mit aromatischen Erdbeeren sowie knackigen grünen Äpfeln und Karotten zu einem leckeren und nahrhaften Getränk. Dafür wird allerdings ein Entsafter benötigt.

ERGIBT 250–500 ML

2 mittelgroße Rote Beten, gewaschen
2 mittelgroße Karotten, gewaschen
3 grüne Äpfel, gewaschen, geviertelt
5 mittelgroße Erdbeeren
1 Stange Sellerie
1 daumengroßes Stück
frischer Ingwer, nach Belieben
1 Handvoll Eiswürfel

Alle Zutaten außer dem Eis in den Entsafter geben und auspressen. Den gewonnenen Saft umrühren, über die Eiswürfel in Gläser gießen und sogleich genießen.

Sangria mit Litschis und Zitronengras

Was genießt man mehr an einem warmen Sommerwochenende als eine eiskalte Sangria. Wie wäre es zur Abwechslung einmal mit einer Weißwein-Variante? Etwas ungewöhnlich, erfrischend leicht und mit exotischem Touch.

ERGIBT ETWA 1 L

1 Flasche (750 ml) Weißwein
1 Stängel Zitronengras, heller Teil
gedrittelt
Schalenstreifen von 1 unbehandelten
Limette
1 grüner Apfel, gewürfelt
200 g Litschis aus der Dose,
abgetropft
125 ml weißer Traubensaft,
möglichst ungesüßt
2 EL Limettensaft
Eiswürfel
250 ml stark kohlensäurehaltiges
Mineralwasser
1 Handvoll frische Minzblättchen

Wein, Zitronengras, Limettenschalen, Apfel, Litschis, Trauben- und Limettensaft in einen Krug geben. Über Nacht im Kühlschrank ziehen lassen.

Unmittelbar vor dem Servieren Eiswürfel, das Mineralwasser und die Minze unterrühren.

Bloody Mary

Einer meiner Cocktail-Favoriten ist die Bloody Mary. Deren A und O ist die würzige Tomatensaftmischung, die über Wodka und Eis ins Glas gegossen wird. Am besten setzt man diese im Voraus an, sodass die Aromen Zeit haben sich zu entfalten.

Für die Tomatensaftmischung (ergibt 1 l)

1 l guter Tomatensaft ohne Zuckerzusatz

1 EL geriebener Meerrettich

abgeriebene Schale und Saft von ½ unbehandelten Orange

abgeriebene Schale und Saft von ½ unbehandelten Zitrone

3 EL glutenfreie Worcestersauce

1 TL Fischsauce

½ TL Meersalz

½ TL schwarzer Pfeffer aus der Mühle

1 EL Tabasco oder scharfe Chilisauce

2 EL trockener Sherry oder Portwein

Für 1 Portion Bloody Mary

Zitronenspalte für den Glasrand

Meersalz für den Glasrand

1 Stange Sellerie

50 ml guter Wodka

250 ml gecrushtes Eis

170 ml Tomatensaftmischung (siehe oben)

Für Chili-Sellerie-Salz, nach Belieben

1 TL Chiliflocken

1 TL Selleriesamen

1 EL Meersalz

Alle Zutaten für die Tomatensaftmischung in ein großes fest verschließbares Glas oder eine Flasche füllen. Gründlich schütteln. Die Saftmischung kann gleich verwendet oder bis zu 3 Tage Kühlschrank aufbewahrt werden. Pur über Eiswürfel gegossen, ergibt sie eine Virgin Bloody Mary.

Für eine Bloody Mary den Glasrand mit der Zitronenspalte einreiben und in Meersalz oder alternativ in Chili-Sellerie-Salz (siehe unten) tunken. Die Selleriestange ins Glas stellen (sie dient zum Umrühren und als Knabberei zum Cocktail) und den Wodka hineingießen. Bis auf halbe Höhe Eis ins Glas füllen, anschließend bis kurz unter den Rand mit Tomatensaftmischung auffüllen. Als Alternative zur Selleriestange kann man je 1 grüne Olive und 1 Kirschtomate auf einen Bambusspieß stecken und diesen ins Glas stellen.

Falls verwendet, die Zutaten für das Chili-Sellerie-Salz im Möser fein zerstoßen und vermischen. Den mit Zitrone benetzten Glasrand in die würzige Mischung tunken.

Blaubeer-Mango-Smoothie

ERGIBT 250–375 ML

80 g Blaubeeren, frisch
oder tiefgefroren
80 g gewürfelte Mango
1 TL Vanilleextrakt
1 EL Zitronensaft
125 ml Kokoswasser
125 ml Eis (gecrusht oder Würfel)

Alle Zutaten in den Mixer geben und zu einem glatten, dickflüssigen Smoothie verarbeiten.

Falls tiefgefrorene Blaubeeren verwendet werden, diese mit heißem Wasser abspülen, damit sie rasch auftauen. Das Kokoswasser kann durch normales Wasser oder etwas Apfelsaft ersetzt werden.

Bimka

Bevor ich mich dem Kochen zuwandte, war ich echt gut im Cocktail-Mixen. Meine Kenntnisse darin habe ich sogar eine Zeitlang in einer angesagten Bar in Sydney in Kursen weitergegeben. Dies ist einer der Cocktails, die ich seinerzeit für das Lokal erfand. Er trägt den Namen meines ersten Hundes. Hier habe ich das ursprüngliche Rezept etwas modifiziert.

FÜR 1 PORTION

2 EL (20 ml) Wodka
2 EL süß-saurer Apfellikör
(z. B. Sourz)
60 ml Apfelsaft
1 EL frischer Limettensaft
5 frische Blaubeeren
250 ml gecrushtes Eis
15 ml Crème de Cassis
¼ grüner Apfel, in feine Scheiben
geschnitten

Wodka, Apfellikör, Apfelsaft und Limettensaft im Cocktailshaker gründlich vermischen.

Die Blaubeeren und das Eis in ein hohes Cocktailglas füllen. Die Cocktailmischung nochmals durchschütteln und über das Eis gießen. Den Crème de Cassis dem Rand entlang ins Glas laufen lassen, sodass er sich am Boden sammelt und ein reizvoller Farbverlauf von Rot zu Gelb darüber entsteht. Mit Apfelscheiben oder einem Apfelfächer dekorieren

Honig-Ingwer-Bier

Um Ingwerbier selbst herzustellen, braucht man Trockenhefe: Ohne sie fände keine Gärung statt, und es würde sich nicht die gewünschte Kohlensäure bilden. Hefen sind nicht grundsätzlich schlecht. Es gibt darunter auch gute, namentlich die der Gattung Saccharomyces, die im Darm eine antimikrobielle Wirkung entfaltet. Aktive Trockenhefe ist absolut Paleo-kompatibel und kommt daher bei der Zubereitung dieses erfrischenden Getränks zum Einsatz; in dieser schnellen Version ist es in nur 24 Stunden fertig.

ERGIBT 1 L

1 l frisch aufgekochtes Wasser

170 g Naturhonig

Saft und Schalenstreifen
von 1 unbehandelten Zitrone

60 g frischer Ingwer, in Scheiben
geschnitten

1 TL Trockenhefe

Das Wasser handwarm abkühlen lassen und in eine große Schüssel gießen. Honig, Zitronensaft und -schalen, Ingwer und Hefe dazugeben und mischen. Die Schüssel locker mit einem Küchentuch oder Frischhaltefolie abdecken. Bei Raumtemperatur 24 Stunden ruhen lassen.

Danach den Schaum, der sich eventuell auf der Oberfläche abgesetzt hat, mit einem Schaumlöffel sorgfältig entfernen. Das Ingwerbier durch ein feines Sieb in saubere Glasflaschen oder Schraubgläser abseihen (nicht ganz bis zum Rand füllen). Bis zur Verwendung im Kühlschrank aufbewahren.

Auf Eis, garniert mit einer Zitronenscheibe oder einem Zitronenschnitz und etwas frischer Minze servieren.

Erdbeer-Kokosnuss-Kuss

ERGIBT 250–375 ML

5–6 Erdbeeren, frisch
oder tiefgefroren

170 ml Kokosmilch

½ TL Vanilleextrakt

1 TL Mandelmus

1 kleine Handvoll Eis, gecrusht
oder Würfel

Alle Zutaten in den Mixer geben und zu einem glatten, dickflüssigen Drink mixen.

Falls tiefgefrorene Erdbeeren verwendet werden, diese mit heißem Wasser abspülen, damit sie rasch auftauen.

Himbeer-Gin-Fizz

In meinen früheren Cocktail-Zeiten habe ich öfter einen Drink nach einem ganz ähnlichen Rezept gemixt. Anstelle von Gin könnten Sie ebenso Wodka und anstatt der Himbeeren auch Erdbeeren verwenden. Chambord ist ein exquisiter französischer Beerenlikör; er lässt sich hier aber auch durch eine andere Sorte guter Qualität ersetzen.

Die Zutaten für das Himbeerpüree in den Mixer geben und glatt pürieren. Das Püree in eine Dosierflasche füllen und bis zur Verwendung kalt stellen.

Gin, Beerenlikör, Himbeerpüree, Vanilleextrakt, Zitronensaft und Eis in den Shaker geben und gut schütteln.

Den Drink in ein mit Eiswürfeln gefülltes hohes Becherglas absieben und mit dem Mineralwasser auffüllen. Nach Belieben mit frischer Minze und ganzen Himbeeren garnieren.

FÜR 1 PORTION

Für das Himbeerpüree
60 g Himbeeren, frisch
oder tiefgefrorene aufgetaut
125 ml Wasser
1 TL natürliches Süßungsmittel
(z. B. Naturhonig)

Für den Cocktail
2 EL guter Gin
2 EL Beerenlikör (z. B. Chambord)
4 EL Himbeerpüree
½ TL Vanilleextrakt
1 EL Zitronensaft
1 Handvoll Eis, gecrusht oder Würfel
Eiswürfel zum Servieren
125 ml stark kohlensäurehaltiges
Mineralwasser
frische Minze und einige Himbeeren
zum Garnieren

Danke!

Ermöglicht wurde dieses Kochbuch durch die Unterstützung vieler Freunde und Fremder.
Einige von ihnen haben mich durch den gesamten Entstehungsprozess begleitet,
andere haben mir gelegentlich dabei geholfen, wieder Ordnung in
meine Küche zu bringen, oder haben meine Zubereitungen getestet und gekostet.
Ich danke allen von ganzem Herzen.

Eine spezielle Erwähnung gilt einigen engen Freunden und Freundinnen oder anderen
geliebten Menschen, die es in den letzten Monaten mit mir aushalten mussten:

Matti Puckridge, Carla Hackett, Jodie McLeod, Tim Lucas, Gloria Tong, Stephen Lead,
Simon Wright, Lilli Altendorfer, Ursula Everett, Eric Auld, Melody Puckridge,
Elle Patrikis, Danielle Szetho und meine Familie.

Dankeschön

Ein riesiges Dankeschön auch an alle meine Unterstützer
auf der Crowdfunding-Plattform Pozible:

Alison Mitchell
Andrew Wyers
Anna
Annalea Johnston
Annette Boehm
Ben Askins
Ben Webster
Bruno Mattarollo
Cameron Barrie
Caroline Strudwick-Brown
Cate Prentice
Chris Stephens
Cyrus Eftos
Danielle Szetho
Deb Davidson
Deborah Caddy
Dmitry Baranovskiy
Enrique Salceda
Evan Ford
Freya Davidson
Garmisch & Tim Riley
Gemma Starzec
Gloria Tong
Hayli Chwang
Inna Yankevych
Jacquie Collins
Jared Wyles
Jason Crane
Jennifer Manefield

Josh Ruscheinsky
Jodi Morgan
John Rimmer
Julie Keith
Justin Koke
Justin Vön Ong
Kath Hamilton
Kerensa Anderson
Kris Owen
Kristian Milos
Kristina Ljubicic
Kurumi Honda
Lauren Whitehead
Leanne Barry
Lexi Thorn
Lily Perthuis
Lisa Miller
Luisa Bolzic
Magi Hernandez
Marcus Stenbeck
Marinka Bil
Mark Cowley
Matt Willis
Maxine Sherrin
Michael Koukoullis
Mychelle Vanderburg
Nadine Richter
Narelle Hickling-Thompson
Nathan de Vries

Nicole Smith
Patrick Cranshaw
Pauline Allen
Petter Lundmark
Rashelle Zelaznik
Rebecca Axon
Rod Tobin
Ryan Junee
Ryan Kitching
Sanna Lundmark
Shari Henderson
Sharon Worster
Simon Ratner
Simon Wright
Sophia Molodysky
Sophie Wright
Srini Madhavan
Stephen Cox
Stephen Mason-Ellen
Steve Gilles
Sue Cotterell
Sugendran Ganess
Tim Lucas
Toby Forage
Tony Hall
Trent Brown
Ursula Everett
und Niulife für ihre köstlichen
Kokosnussprodukte

Bücher
und Internetquellen

BÜCHER

Enig, Mary und Fallon, *Sally: Eat Fat, Lose Fat. The Healthy Alternative to Trans Fats,* New York: Plume, 2006

Fallon, *Sally: Nourishing Traditions. The Cookbook That Challenges Politically Correct Nutrition and the Diet Dictocrats,* Lanham: New Trends Publishing Inc, USA, 2003

Jaminet, P. und S.-C.: *Perfect Health Diet, Four Steps To Renewed Health, Youthful Vitality, and Long Life,* YingYang Press, 2010

Sanfillippo, Diane et al.: *Das große Buch der Paläo-Ernährung,* Riva, 2014

Sisson, Mark: *Gesundheitsgeheimnisse aus der Steinzeit. Das revolutionäre Primal Health-Konzept,* Goldmann, 2015

Wolf, Robb: *The Paleo Solution. The Original Human Diet,* Las Vegas: Victory Belt Publishing, 2010

INTERNET-QUELLEN

Paleo-Ernährung allgemein

Ballantyne, S.: *The Science and Art of Paleofying, Part 1 Paleo Flours,* 2012, Abrufdatum 17. März 2013

Ballantune, S.: *The Autoimmune Protocol,* 2012, Abrufdatum 18. März 2013

Byrnes, S.: *Myths of Vegetarianism,* 2002, Abrufdatum 20. März 2013

Carrera-Bastos, P., Fontes Villalba, M., O'Keefe J. H., Lindeberg, S., Cordain, L.: *The Western Diet and Lifestyle and Diseases of Civilization,* PDF, 2011, Abrufdatum 24. März 2013

Crawford, A.: *Activating Nuts and Seeds,* 2013, Abrufdatum 19. März 2013

Eades, M. R.: *Nutrition and health in agriculturalists and hunter-gatherers,* 2009, Abrufdatum 15. Dezember 2012

Eaton, S. B, Cordain, L., Sparling, P. B., Cantwell, J. D.: *Evolution, Body Composition and Insulin Resistance,* PDF, 2009, Abrufdatum 24. März 2013

Johnson, K.: *Health Benefits of Bone Broth,* 2013, Abrufdatum 3. März 2013

Kresser, C.: *Shaking up The Salt Myth. When Salt Reduction May Be Warranted,* 2012, Abrufdatum 15. Dezember 2012

Kresser, C.: *Does Red Meat Cause Inflammation?,* 2013, Abrufdatum 15. April 2013

Kresser, C.: *Red Meat. It Does a Body Good,* 2013, Abrufdatum 23. März 2012

Lindeberg, S., Jönsson, T., Granfeldt, Y., Borgstrand, E., So!man, J., Sjöström, K. und Ahrén, B.: *A Palaeolithic diet improves glucose tolerance more than a Mediterrane-anlike diet in individuals with ischaemic heart disease,* 2007, Abrufdatum 17. März 2013

Taylor, J.: *Paleo Diet Carbohydrate List and Carb Counter,* o. D., Abrufdatum 18. März 2013

Satin, M.: *Salt and Our Health,* 2012, Abrufdatum 16. März 2013

Sisson, M.: *The Primal Blueprint Carbohydrate Curve,* 2009, Abrufdatum 19. März 2013

Wolf, Robb: *What is the Paleo Diet?,* 2013, Abrufdatum 20. Januar 2013

Myths and Truths About Nutrition, 2000, Abrufdatum 18. März 2013

It's the Beef, 2000, Abrufdatum 13. Februar 2013

GETREIDE UND HÜLSENFRÜCHTE

Freed, D. L. J.: *Do Dietary Lectins Cause Disease?*, 1999, Abrufdatum 15. März 2013

Jaminet, P.: *Wheat Is A Cause of Many Diseases. I: Leaky Gut,* 2010, Abrufdatum 16. März 2013

Jaminet, P.: *Why We Get Fat. Food Toxins,* 2011, Abrufdatum 16. März 2013

Kresser, C.: *9 Steps To Perfect Health. #1: Don't Eat Toxins,* 2011, Abrufdatum 19. Dezember 2013

Rose, A.: *Phytic Acid,* 2013, Abrufdatum 17. März 2013

Sgourakis, E.: *Don't Go Nuts,* 2012, Abrufdatum 19. März 2013

Less Bad but Not Good. Pseudograins and Non-gluten Grains, o. D., Abrufdatum 17. März 2013

Soy Alert, o. D., Abrufdatum 10. März 2013

ZUCKER UND SÜSSUNGSMITTEL

Appleton, N. und Jacobs, G. N.: *141 Reasons Sugar Ruins Your Health,* 2010, Abrufdatum 21. März 2013

Cordain, L.: *Sugar Content of Fruit,* o. D., Abrufdatum 22. März 2013

Fallon Morell, S. und Nagel, R.: *Agave Nectar. Worse Than We Thought,* 2009, Abrufdatum 23. März 2013

Kresser, C.: *Ask Chris. Is Fructose Really That Bad?,* 2012, Abrufdatum 29. Februar 2013

Sanfilippo, D.: *Guide to Sweeteners,* PDF, o. D., Abrufdatum 22. März 2013

Sisson, M.: *The Definitive Guide to Sugar,* 2010, Abrufdatum 21. März 2013

Sisson, M.: *A Primal Primer: Stevia,* 2011, Abrufdatum 23. März 2013

FETTE UND ÖLE

Champ, C. E.: *Checking Your Oil. The Definitive Guide to Cooking with Fat,* 2012, Abrufdatum 22. März 2013

Cordain, L.: *Fats and Fatty Acids,* o. D., Abrufdatum 22. März 2013

Masterjohn, C.: *Good Fats, Bad Fats. Separating Facts from Fiction,* 2012, Abrufdatum 22. März 2013

Rose, L.: *The Complete Guide to Fats and Oils – What to Cook With (or not), What to Avoid and Why,* 2011, Abrufdatum 24. März 2013

Taylor, J.: *Omega 6 and 3 in Nuts, Oils, Meat and Fish. Tools to Get It Right,* 2010, Abrufdatum 19. März 2013

Sanfilippo, D.: *Guide to Fats & Oils,* PDF, o. D., Abrufdatum 24. März 2012

Sisson, M.: *The Definitive Guide to Cholesterol,* 2008, Abrufdatum 22. März 2013

Myths and Truths About Cholesterol, 2009, Abrufdatum 23. März 2013

What's Cooking America. Types of Cooking Fats and Oils – Smoking Points of Fats and Oils, o. D., Abrufdatum 22. März 2013

MILCHPRODUKTE

Kresser, C.: *For A Healthy Heart, Stick to Butter,* 2013, Abrufdatum 24. März 2013

Kresser, C.: *Dairy. Foods of The Gods or Neolithic Agent of Disease?,* 2011, Abrufdatum 24. März 2013

Kubal, Amy: *Seven Shades of Paleo,* 2012, Abrufdatum 24. März 2013

Sisson, M.: *Is All Cheese Created Equal?,* 2009, Abrufdatum 24. März 2013

Sisson, M.: *The Definitive Guide to Dairy,* 2010, Abrufdatum 24. März 2013

Die Autorin

Irena Macri wurde in der Ukraine geboren und siedelte im Alter von sechzehn Jahren nach Australien um. Am College of Fine Arts der University of New South Wales erwarb sie den Bachelor-Abschluss auf dem Gebiet Digitale Medien. 2012 gründete sie ihren viel besuchten Blog EatDrinkPaleo.

Irena ist eine digitale Nomadin und reist mit großer Begeisterung.
Sie lebt in London und Sydney.

Rezeptverzeichnis

Bücher aus dem AT Verlag

Hugh Fearnley-Whittingstall
Täglich vegetarisch
Die schönsten Rezepte aus dem River Cottage

Hugh Fearnley-Whittingstall
light & easy
Gesunde Rezepte ohne Weizen und Milchprodukte

Emilie Holm
Süßes ohne weißen Zucker

Mary Karlin
Das große Buch vom Fermentieren
Grundlagen, Anleitungen und 100 Rezepte

Tess Masters
Das Mixer-Kochbuch
100 super-leichte, super-gesunde Rezepte – glutenfrei und vegan

Christine Mayr
RohVegan
100 Rezepte – natürlich raffiniert

Surdham Göb
Vegan Daily
Vegane Küche für jeden Tag

Carine Buhmann
Kochen und backen – von Natur aus glutenfrei

Carine Buhmann
Glutenfrei kochen und backen
Ein praktischer Ratgeber mit 150 Rezepten bei Zöliakie

Stefan Wiesner / Monica Wiesner-Auretto
Wurstwerkstatt
Brat- und Siedwürste einfach selber machen

Cornelia Schinharl / Beat Koelliker
Quinto Quarto
Von Kopf bis Fuß, von Herz bis Niere –
klassische Rezepte aus der römischen Küche

Meret Bissegger / Hans-Peter Siffert
Meine Gemüseküche für Herbst und Winter

Aran Goyoaga
Familienrezepte glutenfrei
pikant und süß

AT Verlag
Bahnhofstraße 41
CH-5000 Aarau
Telefon +41 (0)58 200 44 00
info@at-verlag.ch
www.at-verlag.ch

Die Originalausgabe dieses Buches ist unter dem Titel
»Eat drink Paleo cookbook« 2015 bei Viking/Penguin Books,
Australien, erschienen. Copyright © 2015 Viking/Penguin Books,
Text-Copyright © 2013 Irena Macri, Illustrationen © 2013 Carla Hackett.

Aus dem Englischen übersetzt von Susanne Vogel

© 2015
AT Verlag, Aarau und München
Fotos: Irena Macri, Tony C. French
Gestaltung: Carla Hackett
Druck und Bindearbeiten: Westermann Druck, Zwickau
Printed in Germany

ISBN 978-3-03800-884-2

www.at-verlag.ch

Carine Buhmann
Glutenfrei kochen und backen
Ein praktischer Ratgeber mit 150 Rezepten bei Zöliakie

Stefan Wiesner / Monica Wiesner-Auretto
Wurstwerkstatt
Brat- und Siedwürste einfach selber machen

Cornelia Schinharl / Beat Koelliker
Quinto Quarto
Von Kopf bis Fuß, von Herz bis Niere –
klassische Rezepte aus der römischen Küche

Meret Bissegger / Hans-Peter Siffert
Meine Gemüseküche für Herbst und Winter

Aran Goyoaga
Familienrezepte glutenfrei
pikant und süß

AT Verlag
Bahnhofstraße 41
CH-5000 Aarau
Telefon +41 (0)58 200 44 00
info@at-verlag.ch
www.at-verlag.ch

Die Originalausgabe dieses Buches ist unter dem Titel
»Eat drink Paleo cookbook« 2015 bei Viking/Penguin Books,
Australien, erschienen. Copyright © 2015 Viking/Penguin Books,
Text-Copyright © 2013 Irena Macri, Illustrationen © 2013 Carla Hackett.

Aus dem Englischen übersetzt von Susanne Vogel

© 2015
AT Verlag, Aarau und München
Fotos: Irena Macri, Tony C. French
Gestaltung: Carla Hackett
Druck und Bindearbeiten: Westermann Druck, Zwickau
Printed in Germany

ISBN 978-3-03800-884-2

www.at-verlag.ch